獅吼棒喝

祈竹仁寶哲答問選錄

大藏寺 祈竹仁寶哲 著

對廣大的一般讀者而言，這本著作
可能正好解答了心中積集已久的疑問，
同時也能糾正不少教內外人士
對藏傳佛教乃至整個佛教的錯誤見解。

目錄

編者的話

藏傳佛教常常給人一種莫明的神秘感。近年來，藏傳佛教在東西方可說是廣泛弘揚了起來，不少高僧應邀到台灣、香港、新加坡、馬來西亞等華人地區乃至西方國家弘法佈教，令有興趣人士得以親近學習。可悲的是，華人佛教圈子中仍然存在不少對藏傳佛教的誤解，很多人亦只限於熱衷參與灌頂一類之法會，對藏傳佛教未能深入瞭解。意欲加深對藏傳佛教之認識的人，往往又因為語言上的障礙及缺乏機會長期親近善師，在很多基本問題上仍然未能釋疑。市面上現已有不少有關藏傳佛教的著作，但似乎缺乏了一些淺白易明且切身的書籍足以為初學者解疑增慧。

祈竹仁寶哲長年周遊弘法，幾乎每天都抽時間為個別弟子及訪客解答疑問。編者在很多場合都充當大師的傳譯侍從，發現大部份人所問的問題都是基本而重複的。本書結集了一百個經常有人發問的問題及祈竹仁寶哲的回答，其內容不限於藏傳佛教或任何宗派。大師在答問時，一向不贊成加上個人的觀點與判斷，其答問內容往往是直接依據經續、佛教典故及傳統佛法教義而講述的。所以，這本答問集的內容可說是代表性地反映了藏傳佛教，乃至整個傳統大乘佛教的觀點。

對資深的佛教學者及追求高深哲理的人來說，此答問集的內容可能是他們不屑一讀的。但對廣大的普通讀者而言，這本著作可能正好解答了心中積集已久的疑問，同時也能糾正不少教內外人士對藏傳佛教乃至整個佛教的錯誤見解。

破除常見誤解

佛教徒的拜佛行為是不是偶像崇拜？

我們向自己國家的國旗致敬，是不是因爲這塊布很神聖呢？當然不是，但我們透過向國旗致敬表達對國家的效忠及支持；同樣地，我們藉著頂禮佛像來憶記佛陀聖身、紀念佛陀、憶念佛的功德及積集功德資糧。

佛像並不是佛，而只是木頭或銅鐵。向佛像供養食物，佛像也不會吃。這種道理人人都明白，佛教徒當然也不例外。佛教從來沒說佛像就是佛或神靈，我們亦同意它只不過是木頭偶像。然而，因爲我們凡夫並無清淨業力得見眞正的佛陀，我們以佛像來代表佛陀。我們對佛像恭敬作拜，不是頂禮面前的木像，而是在禮拜它所代表的諸佛。我們對佛像供上食物，不是要餵飽根本不會吃東西的木像，而是爲了藉以供養它所代表的諸佛。事實上，眞正的佛陀也不需要我們的供品，這樣做只是爲了讓我們自己積聚功德而已。

作為佛教徒，是否仍然可以參與民間的拜神儀式呢？

皈依佛、法、僧三寶，就成爲了一個佛教徒，佛教弟子有幾件事是不應做的，也有幾件事是應該努力去做的。既皈依了三寶中的佛寶，便不可以再皈依外道天神、鬼及「非人」等等。

民間的信仰（註：法師乃指漢人的民間信仰）也有多種。有些寺廟供奉觀音、彌陀及藥師佛等，我們去這些地方參拜供奉都沒有問題。有些地方供奉的對像，在佛法上定義爲天界的眾生，也有些地方是供奉畜牲、「非人」及鬼道眾生的。衲有幾個來自內地東北地區的弟子，他們的家族本來是供奉狐狸精靈的！在東南亞地區，也有很多供奉鬼道及「非人」的民間寺廟。

一般來說，朝拜供奉鬼道、「非人」及畜牲道眾生的廟宇，我們還是不去爲妙！這些眾生，依修持佛法及福報的角度來說，牠們還比不上生於人間的我們。牠們或許有些少的神通力量，能夠爲我們帶來一些小利，但長遠來說，供奉牠們對我們只有害處而沒有眞正的利益。

漢人所供奉的民間神明，例如天帝等等，在佛法上視爲天界眾生。他們的福報及能力比我們大得多，也的確有能力令我們得到些少今世的利益。然而，天界的眾生仍然是被縛於生死六道內的眾生，一樣要經歷生死的變幻。這些眾生只能給予我們一點今世的小利益，卻不能協助我們解脫輪迴或成佛，也沒有佛陀的圓滿悲心及智慧，所以並非堪受皈依的對像。天界的眾生與人類一樣，有著親疏友敵的觀念。如果你天天去供養禮拜，他們有能力爲你帶來一些短暫的眼前好處；如果你有一天忘了供養，他們也有可能會發怒而加害你。

簡而言之，三寶弟子要認清應該皈依的對象，不要隨便跟著人到處拜拜。如果家中有拜神的習慣，我們也毋須爲此與父母作對，應該好好地解釋。如果實在沒有選擇的話，我們勉強也可以入鄉隨俗及恆順父母眾生的心態去上上香，供上一點食物，心裡應存著向同輩送禮的心態，這是不違反皈依學處的，但絕對不應在心中生起依止的念頭。

佛教徒是否可以拜祖先？

佛法教導我們必須孝順及尊敬父母與先祖，但卻沒有說要對他們的照片或骨灰上香及供奉。

衲見到很多人把祖先的骨灰放在家中天天上香，也有人把祖先的遺灰放在寺廟中，這些敬祖的方法並不符合佛教傳統。

在父母及祖上往生後，我們應該代他們供僧及布施，也可以代他們供佛及延僧人誦經，這樣做可以爲他們帶來利益，令他們得生於善道之中。此外，最直接及有效之利益祖上的方法是善用自己的身體。我們的肉身是由父母的身體而來的，他們的身體又源自我們之祖輩，所以我們與祖上歷代的血脈有著直接的關連。如果我們能利用自己的身體行善的話，因著以上所述的關係，對血緣祖上的利益遠比其他善行爲大。

怎樣利用身體行善呢？例如禮佛及捐血就是身體上的善行。禮佛正是藉著這個由祖先血脈而來的身體來積聚功德。捐血也是一種最能利益祖先的善舉。它的本質是身的布施，可以積集功德，同時又能幫助其他人。這個參與捐血的身體，乃至所捐的血，其實正是祖輩及父母之身體的延伸，所以他們也會得以直接積聚功德。

祖輩既然已經往生，他們的神識就早已轉生於六道中其中的一道，不再是他們以前的身份了。所以，我們向祖先祈求保祐是沒有意義的，他們也不可能會接到我們的供養物品。

至於骨灰的處理，西藏的做法是把它混和泥土而造成小泥佛像。這些泥佛像會被裝入一間小屋中。在不能做到這種處理方式的時候，也可以把骨灰撒在聖地的乾淨土地上或川河水之中。佛陀並無教示我們要對骨灰供奉叩頭，而這樣做對祖輩往生後之處境只會有害處，完全沒有益處。佛經中有一個典故正是教示我們不要對先人的骨灰供奉禮拜的，否則會爲已轉生了的祖輩帶來很大的痛苦。

對已亡的父母及祖先，我們應心存感恩而代作善行。但最重要的是，我們在父母在生時要隨順他們，令他們歡喜。在父母死後才哭著上香，其實是沒有甚麼大意義的！

佛教徒可以拜土地公及龍神嗎？

地神、國神及山神等只是六道眾生的一種，牠們大部份屬於餓鬼道的轉生，只是比較有福報而已。這些眾生的能力有些會比人間的眾生爲大，能夠爲我們帶來一點眼前的利益，或者也能傷害到我們，但最終來說，牠們並無能力令我們脫三惡道苦，也不能令我們脫生死輪迴，更莫說令我們得證無上佛境了。

龍神等其實亦只不過是有多少神通化變的畜牲道眾生，牠們並無能力令我們得到究竟的福樂。這些眾生與我們的情況是相似的，並無自主生死的能力，亦沒有圓滿的悲心與智慧。依止牠們的人，頂多只不過能在現世中得到少許利益，但在死亡後，由於依止的心故，或許會轉世成爲這些眾生的奴僕下屬，所以並無究竟的益處。

作爲正信的三寶弟子，我們既依止了佛寶，就不應再依止天道及其他道的眾生，何況情況比我們還糟的三惡道眾生！

如果我們並不生起依止的心，而單是對牠們作一些供養，祈求牠們幫助我們得到眼前世間利益，嚴格上來說這並未算是違背依止三寶的學處，但其實亦並無這樣的實際需要。只要我們一心依止三寶，自然能得到世間與出世間之利益，不需另行依賴凡俗的世間眾生賜予福報。

若果我們眞的要去供養地神及龍族等，應以平輩的身份，尤如向一位有勢力的朋友送禮的心念，但我們不需祈求牠們令我們未來生能得益。這些眾生連自己的未來生亦不能自主，如何能幫到我們呢？這些眾生與我們一樣，在得到尊重供養時，會以牠們有限的力量爲我們帶來一些眼前好處；在我們停止供養或得罪了牠們時，牠們會加害復仇，因爲牠們一樣有凡夫的瞋心及貪欲，並不具有佛陀的悲心。

先人骨灰應該供奉在寺院中嗎？

這種做法是不正確的，亦不符合佛法之傳統。

佛陀教示我們以孝道善待父母及祖上，但經上並沒有說可以把先人骨灰供奉在寺院中。這樣做並不能爲先人帶來眞正的利益，反而會帶來不利。

佛經中有一個故事：佛陀的弟子舍利弗以神通力去到地獄中，遇到了一個受著極大痛苦的外道，這外道向他說：「我前生爲人間一個宗教領袖，有不少弟子。在我死後，弟子把我骨灰供奉在廟內。這樣做未令我得益，反而加深我現在所受的痛苦。請你在返回人間後，叫我的弟子停止那樣做。」舍利弗在重返人間世界後，便按照外道的請求，去到外道廟中說明原委，不過衆外道並不相信，還把他打了一頓。事實上，舍利弗早已得證聖者境界，但爲了向我們凡夫開示把先人骨灰供奉的過失及他在過往世侮辱他人的業力，他才示現爲無力反抗而慘被外道毒打的情況。

如果要在先祖死後多盡孝道，可以爲他們供佛、供僧，也可以多作拜佛等身體所行之善業，甚至可以持咒而向骨灰加持，以上的方法都能利益先人。在西藏也有另一種如法的傳統，把骨灰混入乾淨的泥巴中，造成很多泥佛像，最好能造十萬尊小泥佛，放在戶外的一間小建築物中，這樣也很能爲先祖帶來眞正的利益。把骨灰放寺院內或家中，對骨灰供香、祈願及頂禮等，都並非佛法傳統，對亡者毫無益處可言。要盡孝道的人，最重要的是在祖上生前好好侍奉。

有些法師為欲歸依的弟子進行遙距授皈依儀式，這是不是如法的？

首先衲要爲你說明一下，佛教的所謂「皈依」，是指皈依三寶。雖然在授皈依以後，授者就成爲了你的師長，也是你依止承侍的一個對象及積聚功德的一個福田，但皈依的主要對象是佛、法、僧三寶，而不是皈依某一位法師。「皈依」與你們漢人習俗中的「拜師」性質並不一樣，但卻有很多人把二者混爲一談，以爲皈依儀式就只是拜某位僧人爲師父而已。我們依止一位師長是對的，但皈依的對象——三寶——卻不可以不搞清楚。

如果是遙距進行拜師儀式，則佛教中沒有特別傳統，故此並不存在如不如法的問題。如果是遙距授三皈依，在佛教史上恐怕以前是沒有的，但也並不一定是不成立的。皈依儀式的性質不同於灌頂類的法會。定義上來說，只要弟子明白三寶的意義及皈依的意義，在某些特別情況下在佛前自受皈依，也可以算是如法的。由這個路線去推論，或許遙距授三皈依亦未必有不如法之處。

總的來說，世界上不乏明師，如果你發心皈依三寶，要請師長授予三皈依是一點也不難的。在西藏傳統中，一般會延請較有輩位、修持及學識的高僧授予三皈依，或起碼也會請一位「格西」（註：相當於「佛學博士」）授予皈依，但如果居住在「邊地」（註：即佛法不盛弘的地區），只要是一位出家人也就有資格授予三皈依了，這是完全如法的。所以，遙距授三皈依雖有可能算是如法，但若你發心皈依，也許根本不必要參加這樣的皈依，寧可依一位出家人進行簡單的三皈依儀式，這樣是肯定如法的了。

我們可以為死了的人代辦皈依嗎？

你不要把外道、民間言仰與佛法傳統混淆，否則就不易生起正確的理解。

死人的心識早已離開，我們可爲他代爲供奉三寶或作布施，也可以爲他持咒誦經，但他卻已死亡，並不能再依生前之肉身而得皈依。

死屍、畜牲及不明白法師開示的小孩都不能眞正得到皈依，因爲其心中不可能生起依止之心，即使參與了儀式也不是眞的就皈依了三寶，何況死了的人之心識早已不知去了哪裡，如何能依止三寶呢？

有些僧人爲畜牲、小孩或亡者誦唸皈依，這是沒有害處的。即使畜牲及幼齡孩童心中不明白僧人所說的開示，只是聽一聽皈依文也有一定的好處，可是卻不能說畜牲與小孩就此成爲依止三寶的佛教徒。爲亡者授皈依類似以上所說的情況，這樣做並無不如法之處，也沒有壞處，但並不能說亡者眞正受了皈依。

先人回來報夢或附身，是眞有其事嗎？

在先人往生後頂多七周，他的心識及中陰身早已依隨業力而投生於六道的其中一道了，絕不可能回來報夢或附身。

上述報夢現象，可能只是你對先人思念或偶爾發夢而已。凡夫並無控制夢境的能力，所以在夢中甚麼都可能出現，並不爲奇。如果並非上述情況，則可能是餓鬼道的眾生或「非人」眾生以迷惑冒充的方法，企圖騙取你對牠們作供養。

至於附身現象，有可能只是精神病所致，也有可能是「非人」等眾生為求供養所作之把戲，這亦並無新奇之處。如果你明白輪迴的教法，便不會被這些現像所迷惑。

為甚麼在信佛的人家中有時也會有鬼靈作祟呢？

「非人」等眾生哪裡都有，在信佛的家庭中，甚至在寺院中，也一樣會有牠們的存在。認為牠們怕見到佛像的想法，只是民間信仰的誤解而已。牠們與你一樣是六道中的眾生。你見到佛像不怕的話，為甚麼牠們就會畏怕佛像呢？

你是一個三寶弟子，而且還自稱為大乘弟子，那麼你就不需畏怕「非人」，也不應以瞋心或敵對的心態對待它們，反而應該以悲心對待任何眾生，包括「非人」在內。

如果你心中眞的對三寶一心依止，是不可能受到「非人」加害的。即使牠們及任何眾生對你傷害，那不過是你過往世所造下之苦因現在成熟結果而已。如果沒有痛苦的種子，是不可能遇上痛苦的果報的。要完全脫離眾生的加害，就必定要停止造惡因，例如傷害眾生及瞋心等。歷史上有很多眞正生起了悲心及菩提心的大師，連老虎、大象及毒蛇等畜牲及「非人」等都樂意與他們親近，完全不會加害，這就是因爲這些大師心中再沒有瞋心存在的緣故。

又有些人以爲家中的「鬼」就是死去的親人或曾住在該處的人之鬼魂，這是不符合佛法及輪迴概念的誤解。牠們只是餓鬼道的眾生或「非人」等眾生，並不是死去了的親人在死後仍在住處流連。人在死後會經歷一段中陰時期，其間不超於四十九天，然後就會投生六道中的其中一道，並不會如民間迷信所說般永遠流連於前生居處。

如果有鬼靈等加害作祟，應該怎樣去處理呢？

這些「非人」只不過是六道中的眾生，並無太大的能力，也不值得你去畏怕。牠們既然也是有情眾生，你就要以悲心去對待牠們，不可以傷害牠們。

只要你對三寶依止心堅定，「非人」是不可能加害你的。悲心與依止三寶的心，是兩種有效的對治「非人」之方法。「非人」沒有能力加害一個對三寶有依止心的人，也不能傷害眞正有悲心的行者。

衲爲你說一個故事：一個小賊有一天見到施主送了一塊貴重的布料予一位僧人。小賊在半夜潛入僧人隱居的地方，但卻被僧人捉住，打第一棒時僧人口中唸著：「皈依佛」，第二棒時喊著：「皈依法」，最後一棒時就嚷著：「皈依僧」，然後就把小賊放走了。這個小賊在走過一條有很多猛厲「非人」流連的渡橋時，悻悻然地自言自語：「幸好佛教中只有『皈依佛』、『皈依法』和『皈依僧』這三種皈依，如果多幾個『皈依』的話，我肯定會被打至慘死！」這條渡橋附近一向有很多「非人」流連，常有欲渡橋者被「非人」殺死。但這些「非人」不但未能加害小賊，反而因為他不經意的誦唸三皈依之力量，整晚都不能渡橋。由此可見，不經意地誦唸三皈依已能令「非人」不得加害了，何況至心地依止三寶呢！

在遇上「非人」加害的時候，也可以在早上恭誦《般若心經》九次及多誦三皈依。如果問題十分嚴重，乃至真的威脅到家人的生命安全，可以請高僧大德加持修法以解決問題。

有人說在夜晚誦經會召鬼靈，這是否正確的見解？

這是絕對不正確的民間迷信。世間上有很多「非人」及其他我們肉眼不能見到的眾生。牠們不會因你誦經而特別前來，也不會因你誦經而迴避。「非人」等眾生只不過是六道中的一些眾生，就與我們見得到的畜牲及人類一樣。牠們來來去去，與你誦經與否是並無一絲關連的。

「非人」只是眾生中的一份子，我們要以悲心對待牠們，但不須懼畏牠們。正如畜牲道的眾生一樣，有些野獸可能對你作出傷害，有些則十分馴良，「非人」也不過如此而已，並無特別可怕之處。有些「非人」有能力加害我們，而且也有惡意；有些則有惡意而無能力；有些既無能力又無惡意……這與人際關係的分別並不太大。

修法的人，即使遇上了「非人」，也要以悲心善待，而不是以對立的瞋心或畏懼的心對牠們。

某些大德高僧，或許因著某些因緣，在修持時會召請「非人」前臨而施以加持。但如你我的凡夫，則無能力召請牠們，也無能力避開牠們，所以並無顧慮的必要。

在民間信仰中，有時會見到乩童有佛陀附體或問米姑請來祖先的魂魄附體，與陽間的人對話，這些是不是真的呢？

這類民間信仰不單在漢地盛行，在西藏甚至西方的先進國家也都有類似的靈媒。

佛陀等聖眾絕不可能附在凡夫的身上與人溝通，他們也並非呼之則來、揮之則去，任靈媒差遣的。如果佛陀有必要與凡夫溝通，也必定不需經過這樣的媒介途徑。佛陀就是有圓滿力量者，他不需依賴凡夫的協助，這一點是顯而易見的。但在六道中，有一些眾生的確有少許神通能力，他們有時會附在某些人的身上，藉而得到一些利益。在這樣的情況下，他們或也會冒充聖眾的身份，以欺騙無知的信眾。

至於祖先附身的情況，我們要知道人在死後便會投生於六道中的其中一道，其轉生的中間過程稱爲「中陰」，頂多也不過七個星期，此乃佛陀所親說的。我們的祖先死後，不可能全都變爲鬼魂，日夜無所事事地等著靈媒召喚。即使祖先墮入了餓鬼道，也並不代表他們必定記得前世的事情，而且也不一定能在人間自由穿插。上述的情況，相信有很大部份屬於騙局。但也的確有一些餓鬼道的眾生是有少許神通的。牠們並非我們的祖先，但牠們以牠們有限的神通能得知我們祖先在生時的一些情況，所以能冒充爲我們祖先而博取我們的同情及信任，從而求取欲需的物品，這種情況在西藏也曾發生過。

總而言之，如果我們明白佛陀等聖眾的功德及六道輪迴的教法，便不會被這些靈媒騙上（有些靈媒本身也是被騙的受害者，以為自己真的有佛陀附身）。我們修行的人，要依靠正信的書刊及正信的見解，不要隨便見到、聽到甚麼便盲目地相信，否則吃虧的是自己！

有些人自稱能魂遊淨土，也能帶別人靈遊淨土，這是否真的？

這當然不是真的。有些有很深證量的行者或許有這樣的能力，我們凡夫卻絕不可能在淨土中自由來去。佛教中絕對沒有這樣的說法，它可能是外道信仰或民間術士的說法吧？

在一些原始信仰中，術士能以各種方法，例如由「非人」協助，令人誤以為到了某些地方或見到某些情景，這只是幻術或「非人」的神變能力而已，就如幻術士能夠變出老虎及大象等在你面前一樣，這不是你真的到了佛陀的淨土。

佛的淨土只能以修持而達到，不是靠凡夫帶領或唸幾句咒就能自由往來的。以上說法顯然只是民間的迷信及騙人的勾當，並不符合佛法之觀點。

有些人能見到佛與菩薩等，甚至能與之溝通或得他們之放光加持。為甚麼我誠心禮佛多年，卻從未見過佛陀呢？

這些情況根本不可能是眞的。凡夫並無能力見到佛陀等聖眾，因爲我們的眼睛被業力所覆蓋染污了。

有沒有眞的「見佛」或「得佛加持」很容易判斷，如果你的悲心、慈心及智慧等突然增長了，或瞋心及煩惱等自然消退了，就是得到了加持。否則的話，不論你見到甚麼放光，若你的心沒有改變，則肯定並非「見佛」或得到加持。

佛法修的是內道。修行有沒有成績取決於你的心有否改變向上，並不取決於靈異現像。如果你的心改變了，即使沒見到甚麼，也可說是已得加持及「見佛」。

如果你的心並未改變，即使天天看到似是佛光的現象，又有何意義呢？這些現象並無眞實性，你亦不需追求「見佛」或「得佛放光加持」。修持的人若不修內心而只懂追求外在的異像，是本末倒置了。

最近報章流行談論特異功能，到底這是不是真有其事呢？

如果說「特異功能」是做到一般人做不到的事，那是肯定有這一回事的。有些人並無宗教信仰，但由於宿世因緣，他們雖然生而爲人，卻保持了往世的一點能力，所以便能做到常人不能的事情，這並非說他們的前生肯定是修持佛法或外道的。在六道中，有很多眾生本來就有人間眾生沒有的能力，能做到常人做不到的事。在你的過去生，生爲天界、餓鬼或修羅道中時，也一樣能做到一些你現在會視爲奇妙的事。有很多常人能做到的事，其他道的眾生卻做不到，這並無奇妙之處。在你死後處於中陰階段時，也能穿牆過壁，這也並不神奇。有些人在轉生時，因爲某種因緣，仍然保持了少許過往生在其他道的時候之能力，所以便能做到你我不能的事。

也有些人在過往世中爲修持佛法或外道的人，這生中保持了多少在往世曾經成就的神變能力。

即使並非天生有這些非常能力，我們亦可以透過修持佛法或外道而成就這種能力。在外道中，例如西藏苯教及印度的婆羅門教中，有很多修煉出非常能力的方法，其中一些是來自自己對外在世界的控制能力，也有些由禪定而出，又有些由驅使「非人」而達到常人不能做到的事。在佛教中，可以倚靠修持某些法門而成就非常能力，也可由禪定而生出神通，也有並不刻意修持神通而依共通法門修至有成而自然生出神通的情況。神通並無值得你去讚嘆的地方，只要修持某些佛教法門或外道，三個月內便可成就一些小神通。正信的佛教徒希求得到悲心、慈心及菩提心等證悟，並不稀罕這些世間的小能力。

一個人如果擁有神通，是否代表他的佛法修持就很高呢？

神通有很多種。在佛法修持上，可以因禪定而產生神通，可以因悲心而生神通，可以因信心而生出神通，也可以因專修而得到某些神通。在修持無上瑜伽密部的圓滿次第時，也會自然成就神通。然而，神通並不限於佛法修持者才會擁有，所以並不一定代表修持的境界。

在六道眾生中，有一些就擁有大神通力，但這並不代表他們有任何的修持。在餓鬼道中，其中一些能憶知自己的過去生；某些畜牲道的眾生，有身形變化的能力；生於天界的眾生，比起生於人間的我們，也具有很大的力量；但這些眾生卻未必有任何修持，而且他們與我們一樣都是困於六道中的凡俗眾生。生於人間的眾生，有些天生就具有旁人沒有的能力，也有人靠修持外道咒術、禪定或邪術而得到某些力量；在東南亞各文化的外道中，有很多方法可以令人修出一些小神通，但這些根本並不能算是眞正的修持，更加不是佛法上的法門。此外，一個普通的人在死亡後的中陰階段中，也自然會擁有某程度的神通，例如可以憶記過去生及穿牆過壁等。由此可見，神通並非修行人的「專利」，即使普通的眾生，包括某些畜牲道的眾生，一樣可以有某程度的神通；透過外道的法門，任何人也一樣可以得到某些小神通。然而，在佛法上來說，這些神通並沒有任何眞正的意義。

神通的作用是很有限的，頂多只能爲今生帶來一些小利益，但對未來生及成就佛境來說，是沒有甚麼實際幫助的，在現今末法年代，有很多人標榜神通，又把神通硬與佛法扯上關係，其實他們所教的卻並非眞正佛法，所以大家必須謹愼地去分辨抉擇。

對正信佛教弟子來說，有沒有神通是不重要的。沒有任何非凡外在的能力，不代表自己的修持不好；擁有這些能力的人，也不一定就有修持境界。佛法稱爲「內道」，作爲修持正法的人，修持的成功與否應抉擇於出離心、悲心、善心及菩提心的生起與否，與是否擁有神通並無直接關連。如果修持的目標是追求神通，基本上就與某些外道思想無異，所以就不能說是在修持佛法了！

佛教徒應該修證神通嗎？

衲先向你說一個故事：

從前有兩個兄弟，他們相約去修持，但二人修持的內容並不相同。在很多年後，兄弟在一起渡河。兄長花了五毛錢買票渡河，弟弟卻想表演一下他苦練多年的成績，便以神通在河面上走過，在對面岸上得意地等兄長的船泊岸。在兄長上岸後，弟弟很自滿地問他：「我的修持可說是很有一點用處吧？」兄長卻拿著手上的船票向他說：「你的神通與這張船票的用處一樣。你花了這麼多年修持，就爲了節省這五毛錢嗎？」。

正信的三寶弟子並不稀罕或希求神通，因爲神通對未來生並沒有眞正的益處。對大修行者及菩薩眾來說，他們能以悲心配合神通力救度眾生；對你我一輩凡夫來說，神通卻是並無意義的，所以不需去希求。花時間去修持神通，只不過是在浪費人生，倒不如好好修持出離心、慈心及悲心。

如果遇到自稱已經開悟成佛的人，我們如何去判斷真假？

你毋須判斷，這肯定是假的。如果你遇上佛陀，你自然會知道，因爲佛的身、語、意功德是顯而易見的。他不需要說甚麼，你自然會知道他是佛陀。要自己宣稱是佛的人，肯定不會是佛。佛的聖身有無量功德，可以化身千萬，你可以叫這個人也顯示證明一下。佛的聖語有六十妙音，不論坐近坐遠都能聽到佛的開示，而且是以你能理解的語言聽到，不需要傳譯，你也可以請這個人示範一下。佛的聖意是遍知的，你可以把全世界的沙都各取一點放在杯中，佛可以分辨出哪一粒沙來自哪裡。這些功德能力，在世上誰能做得到？

只要你好好依止一個具資格的師長，並且視他爲佛，便會得到佛之加持，所以毋須去追求依止這些江湖騙子，否則到頭來吃虧的是自己。

佛教是主張無神論的嗎？

如果硬要把宗教分爲有神論與無神論的話，佛教較偏近無神論的一方，但卻並不是一般的無神論觀點。

佛法開示宇宙由眾生共業而生，並不相信有一位至高無上的神靈主宰及創造一切。佛法並不認爲宇宙由佛陀所造。如果宇宙由佛所創，他會創造一個完美的無苦世界，宇宙絕不會是我們現在所處身其中的六道輪迴苦海這樣的。

佛法不同意有一個至高的神靈的存在，也不認爲宇宙是由這神靈所創，所以並不屬於有神論。

佛教卻認爲六道中有一種眾生住於天界，他們的福報比人類高得多，神變能力也高於人類，但他們亦只不過是六道眾生之一種，天界亦非佛教徒心中的目的地。因爲佛教認爲六道中有這一類眾生，所以佛教又並非屬於無神論。佛教所認同存在的「神」，只是眾生的一種，並不是如其他宗教中所視爲創造一切及主宰一切的至高神靈。大乘佛法的修持並不爲生於天界，也不爲討神靈的歡心或救贖，而是爲了要利益眾生，包括六道中的天界眾生。嚴格地說，佛教不能說是「有神論」或「無神論」，亦肯定不屬於「多神論」宗教。

很多人說小乘是低級的佛法，所以大乘行者不應修持，這是對的看法嗎？

輕視任何部份的佛法，都是極不善的心態，而且會有嚴重的果報，這是佛陀所親說的。

小乘的修持是基於出離心，透過修證人身難得、生死無常、六道之苦等教法而成就厭離生死苦海之出離心，依靠皈依、因果及空性見等修持而成就解脫，這些教法皆爲佛陀之金口親說。如果說這些教法低級，就正是輕視佛陀的開示，也就是貶謗法寶。

小乘道上的修持項目是大乘道的基礎。難道大乘行者不需要證悟人身難得、生死無常等佛法嗎？難道大乘行者就不依靠皈依法門及因果教法嗎？還有十二因緣與四聖諦等也都屬於小乘道上的教法。大乘行者要發爲利眾生而欲成佛的菩提心，若對眾生之苦沒生起悲心，如何能生出要不顧一切地利益他們的菩提心？但如果對自己處於六道之苦都不畏怕厭惡，哪裡會對同在六道中的眾生之苦生起悲心呢？由此可見出離心乃悲心及菩提心之前行基礎。沒有小乘共道的基礎，就不可能眞正入於大乘之修持。

大乘行者雖然並不以自己的解脫爲修持目標，但卻需要大小二乘的共通教法方能成就；我們以持戒爲行善止惡的一種方法，其中大部份戒律也是出自小乘教法的。我們雖自稱爲大乘弟子，但未眞正具有菩提心，甚至連圓滿的小乘出離心也未眞正生起，所以千萬勿自以爲是大乘而輕視小乘的行者。小乘的行者及證道者包括了很多大阿羅漢，貶視小乘行者的人，同時也是在貶謗聖僧寶。

女身可以成佛嗎？

女身當然可以成佛！只要能遇上佛法及發心修持佛境，不論男女，一樣可以成就佛境。

男身與女身的確存在著某方面的不同。一般就社會環境情況而言，男性修持往往比女性修行較爲有利。譬如說一位比丘可以獨自住在無人的地方清修，對比丘尼或沙彌尼來說，就必須考慮到更多的安全問題。但這些僅是社會風氣環境的外在因素，就成佛之潛質來說，男身與女身並無太大的分別。說女人不可能成佛，絕對不是正確的觀點。

在《般若心經》中（註：法師乃指廣本心經，見宋施護所譯之《佛說聖佛母般若波羅蜜多心經》），觀世音大士說：「若善男子善女人，樂欲修學此甚深般若波羅蜜多法門者：……」，此經開示大乘的男女行者，若欲修證空性而達至佛境的話，應當如何地去修。在這經裡，觀世音明確指出「善女人」也可以透過修持而成佛；在經末的部份，佛陀對大士之開示作出了明確的印許。

佛教中有一尊廣爲人尊崇的佛母，稱爲「度母」（註：在古代中國稱爲「多羅觀音」及「救度觀音」）。度母在無量劫前，是一叫「般若月」的女子。這女子曾發下宏願：要以女身修行，以女身發菩提心，以女身成就佛境，最後更要以女身化現度生。她最終果然成就了佛境，被尊爲「聖救度佛母」。以上是出自佛陀金口所說的典故。如果說女性不能成佛，哪豈不是說佛陀編故事來騙我們嗎？

在釋迦佛在世時，已有不少女性成就羅漢境界，這些史實在佛經中有清楚記載。即身成佛的女性修行者，在印度的記載中有三位，在西藏出現過十五位，她們的傳記是很感人的。

說女身不可能成佛，等於是指控佛陀妄語，也否定了度母及歷劫以來以女身成佛的聖者之成就。

佛法教示我們不要執著，那麼，以修持來積聚功德及智慧是否也是一種不應有的執著呢？

你的見解把佛法概念完全混淆了。佛陀教示我們不要執戀自身、不要有我執、不要執戀世間福樂及不要執萬事萬物爲自性實有，這不代表說我們不須執著止惡行善及執著於利益眾生之事業。

修持的人總有個動機，這動機可以是爲不墮三惡道，或是解脫生死，或是爲令眾生之利益而要成佛，總不會毫無目的而精進修持的。有一個目的不是「執著」。如果你說不執著行善，不須止惡，那便能成佛的話，可說是顛倒因果教法的邪見。

也有人把「空性」完全歪曲誤解了，以爲「空性」就是「沒有」。如此一來，善不存在，惡也不存在；佛陀不存在，凡夫也不存在，一切都不存在。這是外道思想，並不是佛陀的教法。如果這觀點成立的話，你就毋須理會眾生之死活，也不需行善止惡及修行了，更不需上班及吃飯。

有人視地獄為實有，也有人說它只是唯心所造，並不真正客觀地存在，何者的觀點才對？

地獄、天界乃至整個六道輪迴皆爲眾生共業所生，它的存在正如人間世界的存在方式一樣。當整個宇宙進入消失的階段時，地獄便不復存在；在此之前，只要眾生有共業，六道便存在。說它並不存在是不正確的看法。你看不到的地方，不代表就不存在。只要你略作少許惡業，便很快會見到地獄的存在與否了！當你在地獄道中投生時，你肯定絕不會懷疑它不存在！

當然，以中觀應成派的空性見去解釋的話，地獄與萬事萬物皆爲緣起，並無自性。但即使它是無自性的，並不是說它不存在。你的肉身也是無自性的，但卻非不存在。

現代醫學常常辯論有關「安樂死」的道德觀念，佛教的觀點是站在哪一方呢？

一個生命在甚麼時候完結，是該生命的業力及因緣所生，並不應由另一個人決定。

其他的宗教及社會觀點衲不欲多言，衲也不太知道佛教以外的人如何處置這個問題。由佛法的角度去看，任何殺生的行爲，包括自殺，都是佛陀禁止的不善業。

由輪迴的角度來說，一位眾生的痛苦並不限於今生。這些痛苦源自他的過去業力，所以最終也必須一己承擔，旁人是幫不上忙的。即使我們基於悲心，把他的生命終止了，並不代表我們就解決了他的痛苦。業力是逃不了的，這些苦報在他的下一生或未來生一樣會再呈現，單單把他殺了並不能解決問題的根源，而且還會爲他的未來生帶來更大的痛苦。

衲不是在說這些人是活該受苦的。我們三寶弟子要培養自己的悲心，但悲心還要配合智慧才有用處。如果你明白輪迴及業力的規則，便會知道把病人或自己殺死並不能帶來幫助，只會把痛苦增加及拖延而已。

以上乃依佛法中之輪迴及業力的教法而說。如果不依輪迴及業力去說，又不視這種行爲是殺生的話，衲也就無話可說了。

法師對墮胎有何看法？可以在墮胎後供奉嬰靈嗎？

衲的看法是甚麼並無關係。你既是一個佛教徒，就要研學佛的教法，不是我的看法。「三寶弟子」就是以佛法爲依歸的人，而不是以自己或任何人的看法爲準則。

佛法指出中陰身與父精母血結合時入胎，所以胚胎已是一個有情生命，絕不可加以傷害，否則就是殺生。殺生既爲十不善業之首，也是違反了皈依之不共遮止學處。我們常自稱爲「佛教徒」，而「佛教徒」的最低定義正是「不傷害眾生的人」。即使嬰兒未出生，由於中陰身已入胎，他也就已是一個完整的生命。你不能說因爲嬰兒智力有問題或有殘障就加以殺害。世上有很多殘障的人，你有權把他們一一以慈悲爲名而殺死嗎？

即使在某些特殊情況下母親不能養育兒子，寧可把孩子生出來交予他人哺育也絕不可把他殺死。不論甚麼情況，中陰既已入胎，就代表這女人與腹中生命有過往的因緣，所以千萬不要把他殺害。

總括來說，不論甚麼情況都不應墮胎，否則就是謀殺生命，此乃佛法之觀點。墮胎是明顯地有違佛陀教法的，亦是十不善業之一。

供奉嬰靈並非佛教傳統，亦沒有意義，死了的小孩並不會因此而得益。你千萬不要以爲在墮胎後供養嬰靈就能補救殺生的業力。如果你把自己的母親謀殺，再供奉她的木牌名字（註：法師指漢地文化中之靈位），是否等於你沒有錯呢？墮胎是殺生，不論社會風氣怎麼想，佛法的觀點就是如此，而佛教徒是不論在甚麼情況下皆不殺生的人。供奉嬰靈是民間信仰，並不能補救殺生的業力，亦沒有任何效用及意義。在末法中，會有越來越多人進行及同意墮胎，並視之爲正常，但作爲三寶弟子，要依佛陀的教法奉行，不是依大多數人的意見而抉擇。你依止的是三寶，不是社會風氣及大多數凡夫的意見，這一點你要常常記著。

如果佛陀及三寶有無等力量，為何寺院及佛像會在戰爭及天災中被毀呢？

佛像等聖物被毀，不代表它們沒有力量。佛法開示無常之理，世間上的一切事物，無不經歷產生、維持及消失的過程，聖物是如此，世俗的人、事及物也是如此。即使本師釋迦牟尼的應化色身，也在二千多年前示現入滅的現像。

世界上的聖物，是令眾生積聚福德資糧的福田。眾生能藉著對它們觀仰、頂禮、供養及繞行等修持而積集成佛的資糧。但它們的住世與否，取決於眾生的業力及福德因緣。如果眾生沒有足夠的福德，它們便會不復存在，例如被毀或在天災人禍中消失。

拉薩的大昭寺內，供著一尊世上最神聖的佛像。這佛像是悉達多太子十二歲的等身像，依著太子當時的容貌塑製而成，後來傳入漢地，又在漢地文成公主嫁入西藏時傳至拉薩。在歷代的預言中都有述及，即使這尊最神聖的佛像，最終也會沉入地底，自人間世界消失。那是因爲眾生之共業所致，我們不再有福德得見這尊神聖的佛像，並不是說佛陀沒有力量保護他自己的身像，也不是諸佛沒有悲心的緣故。

開了光的佛像就一定要供奉嗎？

佛像並不是佛，但它代表佛陀，所以是眾生積累功德的資糧田。爲著你自己的利益，你可以供養、頂禮、觀仰及繞拜佛像。這是爲你自己的利益而做的，不是爲了佛而做的。佛像只是一塊銅或鐵，並不需要飲食或花、燈等供品；佛陀則是圓滿的覺者，當然也不依靠凡夫的供養維生。供奉佛像好比農夫料理土地、施肥、播種、澆水等等。農夫所做的種種，並不是爲了土地能得到利益，而是爲了自己能夠獲利。你供養諸佛也只是爲自己及眾生之利益而做的，並非因爲諸佛有此需要。

如果你不願意，不供奉也可以。諸佛有圓滿的悲心，又不需要你的供品，所以絕不會因爲你不供養而對你生氣，你不須以凡俗眾生之心態去猜度佛陀的心。

衲見過有些商人把佛像的頭鋸下來做成裝飾品，甚至改爲桌燈座等產品，這樣是很糟的行爲。不論你是否佛教徒，這樣的行爲及這樣地處理佛像是一種惡業因，在未來會引致很嚴重的果報。因果的定律與宇宙的其他定律一樣，不論你是否相信，它一樣會生效。家中放了佛像而不供奉不打緊，但千萬不要毀壞佛像或選購這些被商人刻意毀壞的產品。

舊佛像可以買回來供養嗎？

如果是從寺院中因各種原因而流出市面的佛像，例如是被偷出的、被搶盜來的或被寺中不良份子私自售出的佛像，最好是不要去買。這有兩個原因：第一是因爲我們不要鼓勵及支持這種不善行爲；第二是因爲護法的關係。在戒風清淨的寺院，不論有否供奉護法，都會有世間及出世間的護法護持。你的肉眼看不到他們，不代表他們就不存在。這些護法，會用一切力量令使佛像最終被交還寺院，他們的威德力量是不可思議的。所以，如果是本屬寺院的珍貴古佛像，最穩當的方法還是不要買回來供奉。

其他來源的舊佛像，可以儘管請回供奉，但應請有資格及知識的法師或僧人，依傳統方法重新裝臟及召請勝住。

佛教徒應該經營佛具店及佛像買賣嗎？

皈依了佛寶的人，應視一切金、銀、銅乃至紙造佛像爲眞正如來，不可視爲商品而典當或售賣，此乃皈依三寶之各別學處之一。上述尤指販賣如來以維持生計及糊口。如果並無分毫營利而純以成本供應及以方便他人的心去做，則還可以說得過去。

經營其他佛品，例如香、油燈等物品，則絕對沒有問題。現今商業社會有太多的奇怪佛教產品，純粹是不懂佛法或不理佛法的商人自以為是地製造出來的，例如印上經文的香爐、印上經文的茶杯及鑄有佛陀聖像的腰帶扣等。我們應儘可能不售賣這些仿似提倡佛法，實則在顛倒佛法的產品。

製造佛像的人，最好不要以此為糊口的職業，只收造像材料成本是最好的。最重要的是，工匠必須依《佛說造像量度經》或有關論著而塑像，比例及細節要正確無誤，不可憑一己想像而發揮創造。佛經有教導造像的人應如何如法地造鑄佛像，其中並沒說你可以自己憑創意及世間藝術的風格去發揮亂做。如果連我們佛教徒本身都不依佛語及佛經去做，就不必歎息佛法漸衰了，我們自己就正在令它滅亡。

請購佛像的時候，要注意不要在不經意中作語之不善業。如果賣者索價太高，你靜靜走開就算了，不要討價還價或說出：「這彌陀佛不值一百元！」這類的話。在討論評述佛像工藝時，只可以說：「這工匠的手藝不太高明！」而不是：

「這觀音實在太醜了！」不要以爲這些小節不重要。修持的人要連最微的不善及過失也戒免，最微不是道的小善也不可忽略。

佛教的僧尼天天只懂得唸經，不事生產，豈不只是社會的「寄生蟲」？

由佛教的看法去說，絕大部份眾生畢生所做的事之最終目的，是要令自己得到快樂而離開痛苦。但眞正的修行人，其中包括了眞正修持的大乘出家僧尼，卻犧牲自己的世間福樂，致力於令所有眾生得到眞正的快樂而得離痛苦。由這樣的層面去看，世俗的人只爲自己得樂離苦而營營役役，大乘的修持人卻爲了所有人乃至所有生命的幸福而努力，以非凡的耐力去修持成佛來利益所有生命，所以他們不單不是「寄生蟲」，反而是自願肩負一切眾生的究竟福樂之擔子。

即使由世俗的層面去說，僧尼也並非不事生產的人。在世界各宗教的歷史上，神職人員都常常充當著照顧信眾心理及靈性健康的工作，可說是「心靈醫生」

或者是「心理醫生」。有很多有威望的宗教人物，更對維護世界和平及社會人心安定有很大的作用。在藏傳佛教中，一些有地位的大師往往有責任照顧整個社區人民的需要，例如確保老弱的人受到照料等。在社區出現不和的緊張氣氛時，往往因為區內的大師之幾句話就平定了暴動或即將發生之戰事。衲是先世祈竹大師之繼承者；先世祈竹法師是嘉絨區十八地區的精神導師，十八區間之紛爭很多時，都由他調解而免致出現流血事件。其他如貢唐大師等高僧，也常常以佛法的悲心及智慧化解本來即將發生之大型戰事。所以，某些出家人又有平息戾氣及紛爭的正面作用。

再者，各大宗教的神職人員也同時致力於世俗上之慈善利生工作。天主教德蘭修女大家都知道吧？她一個人的事業及對社會乃至世界的貢獻，你可能做十倍時間也做不來。在佛教中，也一樣有很多利益社會的慈善團體，這些團體往往都由出家人發起及維持。在藏傳佛教中，很多寺院都致力於賑災施藥等善行，衲所隸屬的大藏寺更有屬下之慈善基金會及免費贈醫施藥的診所，這些都是較能見得到之社會貢獻。所以，說僧尼只唸經不生產，純粹是你未去理解而生出的邪見。

學佛是否一定要出家？如果人人出家，世界豈不是會滅種？

學佛的人不一定要出家修持，佛教有四眾弟子，所以在家的修持也一樣是佛法上的修持方式，並不一定要出家。出家的確有助於修持，但卻並非說只有出家人才會成佛。

至於會不會滅種，這是一個很幼稚的問題。如果由佛法的角度去看，在這人間世界轉生只不過是六道苦海中的一道，根本沒有恆久福樂的終點。眞正修持佛法的人，修持的目的是要成佛或超脫六道生死苦海。所以，由佛法的角度來說，這個世界並非値得執戀的樂土，你根本毋須擔心有否滅種的問題。如果六道，包括人間，都完全滅種，所有眾生都超脫了六道，那不單不是値得你憂心的事，反而眞是天大的好事了。你擔心人人出家修持導致滅種，就如擔心囚犯都變善良了，牢獄豈不是會空掉關門一樣地無意義。這顯然是個無眞正內涵的問題。改由另一個角度看，世上有多少人口亦與個人的業力及眾生的共業有關，並不可能因爲多了幾個人出家就會滅種。

現今世界上，似乎大部份國家都有人口過多的情況，所以你的問題就也更加不成立了。難道全世界的人一下子都會出家嗎？衲倒希望佛教眞的這麼興盛，但恐怕世界的趨勢並非正在向這個方向發展。

如果你眞的擔心人類滅種，倒不如致力於鼓吹慈悲及和平的理念，令世上少一點戰爭，這才是實際的。這個世界絕無可能因爲多了幾個人當和尚就會滅種！

死後捐贈器官對臨終的修持有影響嗎？

有些佛教徒擔心在死時身體被碰觸，會引起痛楚及瞋心，以致墮於三惡道或修羅道中。提出這個問題只證明你未有眞正的悲心。大乘弟子常常嚷著要利益眾生，一個有悲心的行者如果能令他人延續生命，即使自己眞的會因此墮惡道中，也肯定會不假思索地歡喜應允。

在佛教的生死觀中，心識離開身體的一刹那才是生命的結束及中陰期的開始。在呼吸停頓及腦活動停止後，心識不一定馬上離開肉體，所以在佛法觀點上並未真正死亡。但在這階段中，心識雖仍在體內，但肉體上的感官如視覺、聽覺及觸覺等已經不復運作，所以並不會感到痛苦，即使有人施手術切下器官而轉贈他人也不會令你感到肉體上的痛楚，所以你不需擔心。再者，捐贈器官的善行基於悲心，而以悲心爲動機的行爲只會帶來善果，不可能帶來惡果。以悲心而令他人延續生命，肯定能令你的未來生得利益。諸大菩薩等對眾生以身體布施，我們雖無這樣大的悲心，亦不可盲目模仿聖者的大事業，但在亡後捐贈器官類似「身布施」，所以是衲極力支持的大善行。作爲終生口中掛著「慈悲」的三寶弟子，若能以利益另一生命的心及行爲作爲這一生的終結，是最適宜不過的了，亦可說是不枉此生。

我們東方人很注重孝道。這肉身是由父母身體而生長出來的，他們的身體又來自祖父母及外祖父母的肉體，所以我們的肉身正是祖上歷代的身體之延伸。你去持咒或供僧當然也能利益在生或已亡之祖輩及父母，但如以這個與他們身體有最直接關係的肉身去作善行，例如捐贈器官及令另一位眾生得以延長生命等，最能爲他們帶來利益。

由大乘的心態來說，即使有很大的不良後果，你也應安忍承擔，否則就枉稱「大乘」弟子了。然而，由佛法生死過程來說，捐贈器官不但並不會不利於臨終及未來生，反而會有利益。

婦女有月事時，是否不能到寺院朝佛？

你在任何時間、任何日子都可以拜佛。寺院或許有非開放時間，諸佛卻是無時無刻不在爲眾生之利益而作事業的。不論是說到寺院朝禮或在家供養及禮佛，都是絕對沒有時間限制的。

有些人供養龍族等眾生。要供龍族眾生，則在有月事時是不宜進行的。天道的眾生生性喜潔，所以若要召請他們，也要保持一切整潔，這不單指婦女月事，也包括了體臭、抽煙及任何不清潔的情況。以上所述只是指對天眾或龍族供養的時候要注意，並非說拜佛也是如此。民間信仰、外道信仰與佛法並不一樣，千萬不可混淆。

在佛教中，當然也講究清淨及清潔，尤其修密乘中的事密部儀軌者，但卻並沒有說婦女月事時不能拜佛。只要我們注意清潔莊嚴，甚麼時候都可以拜佛，而且天天都應該去拜佛。佛法最注重的是你的內心，其他的都只不過是次要而已。

廁所中可不可以唸經？

不論你身在哪裡，都可以修持。不論何時何地，修持總不可能是錯的。如果你有能力的話，甚至二十四小時，不論在哪裡及正在做甚麼都可以同時唸經持咒。

在廁所中持咒，如果配合正確的發心，亦可利益住在廁所的昆蟲等，令牠們也得聞佛咒與佛號，這也算是「法布施」的一種。經書倒是不應該帶到廁所中誦讀，在心中持咒或唸佛都無妨。

我常常發惡夢，怎麼辦才好？

你一天還在生，就仍會有發惡夢的情況，這不足為奇。我們凡夫是並沒有控制夢境之能力的，所以並不可能避免惡夢。在一般情況下，發惡夢對我們無甚麼嚴重的不良影響，所以你不需過份擔憂。

發惡夢的原因很多，有時因為日常生活中的一些發生過的事，有時則是精神及身體狀態不佳、血氣不暢或體內元素不平衡而影響心理所致。如果是因生理或心理的問題所致，應多照料身體健康及心理上的豁達，也可以在有空暇時登高遠眺，在高山上欣賞一下一望無際的風光，這樣也會有幫助。總之是要找出原因，對症下藥，不要隨便把一切問題都迷信化。

如果是反複地夢到有關罪障的夢境，譬如夢到跌下山崖、被烈火焚身、處於雪山中而感到寒冷無助，又或夢到被人綑綁或攻擊等，而且是連續多次夢到這類的夢境，則有可能是業障的浮現，必須修持懺淨罪障。如果只是一次、兩次夢到以上夢境，則未必有甚麼隱義。

我們有時又會遇上好像被無形的東西壓著而不能動彈的情況，卻又似是清醒的狀態，這也不一定就是「非人」作祟，很多時這只是氣血不暢的情況而已。如果我們恐怕是「非人」作害的話，可以在平時及在上述情況發生時誦唸《般若心經》。

有些人又認爲夢境必定是與未來或過去生有關的，這也並非正確。在凌晨三、四點時份的夢境，或許會是有預言性的，其他時間的夢只不過是心理與生理反射，並無實在意義，此乃傳統所說。

怎樣才能知道有過去世及未來世？

如果你眞正修持，在有了一定境界時，便能體驗到過去生及未來生的眞實性。

我們凡夫雖不能直接見到過去生而生信，但卻不能因爲見不到而推斷其爲不存在。如果說「沒見到」就是「不存在」的話，你也就不能肯定你的父親是你的生父了，因爲在你父母交合時你並未在場看到。但你透過推理及過往其他經驗，可以知道你的父親的確爲你的親父。

過去生也似「昨天」這個觀念，你可以證明「昨天」存在嗎？你可以拿「昨天」出來讓我看看嗎？你當然不能，但這不代表「昨天」不存在。透過推斷及過往經驗，你可以合理地解釋「昨天」的存在性：因爲有「今天」，而「今天」是「昨天」的延續，所以「昨天」必定存在。同樣地，你可以合理地推斷「明天」的存在性及必然性。過去生及未來生之存在性，一樣可以透過過往經驗及類似以上地推理而確立。

「信則有，不信則無」，這論點正確嗎？

這論點完全不正確。

即使你選擇不相信病苦及死苦，你一樣會生病，也一樣會死亡，你完全無法避免這些必然的經歷。儘管你如何堅信火焰並不會傷害皮膚，只要你試一試，馬上就能知道這些定律是客觀地運作的。同樣地，不信地心引力不代表你就能由高空跳下而不跌死。因果等定律規則與大自然定律一樣，不因你相信而運作，也不因你的不相信而變得不存在。

有人說密法興時，佛教就會滅，這是否有根據的呢？

你這個問題，把密法與佛教假設了為對立的兩方，這是一個十分錯誤的看法，密法也是佛法的一部份，不是佛法以外的一種學說。

佛法是否衰落，取決於你有否依法修持。如果你並不依法修持，對於你來說，也就是末法時期。如果你清淨地依法修持，對你來說就是正法時期。客觀上，現在我們的確處於末法時期，這是佛陀所說的。但從個人角度去說，如果你的心識與佛法相應，則可說是正法時期。正法或末法，要看你有否修持，並不取決於任何一個派別之興衰。

至於密法，必須先有了大小乘共通教法及大乘不共教法之基礎，方能有資格受持修學。如果你不依次第地盲目求密法，自以爲是大根器而不屑於修學共通的顯乘教法，你本人就是在參與污染佛法，你也就是在參與導致末法。這並非是因爲密法興旺而令佛法衰滅，這是修持人的過失及顚倒次第，與眞正的密法修持不符。如果所有人都不依次第，不理基本戒律，只一味求受密法，則的確可說是末法的現象了。如果所有人都依正確次第地去修持顯密教法，則只會令佛法興旺，絕不可能會令它衰弱滅亡。

有人說密法中的部份修持等於民間的氣功或內功，這說法有沒有根據？

藏傳佛教包括了小乘及大乘、顯乘及密乘的修持及教法在內。密乘又分爲事密、作密、瑜伽密及摩訶無上瑜伽密部四種。在摩訶無上瑜伽密部中，又分為生起次第及圓滿次第的修持。在圓滿次第中，有部份修持與氣、脈、明點有關，但卻不同於民間的氣功或內功，二者只是外在上來看來有少許相似之處而已。

由動機上去說，修持圓滿次第乃至任何大乘佛法，都是為了成就無上佛境以利益眾生。世俗上之氣功等修持，目的是為了令身體健康、延年益壽，根本不視六道輪迴為苦，亦沒有欲求成佛或解脫之心，反而想長生不死。所以，二者之修持目的是完全相反的。

由效用上去說，世俗上及外道的氣功等修持，頂多不過是令身體健康一點或壽命延長少許，對生死大事及未來生是毫無幫助的，對其他眾生也沒有眞正幫助。佛法上的修持，卻能令行者最終成佛，也能令一切有情眾生得益，其效用不限於短暫的一生中。如果要為健康而修習氣功，這並無與佛法相連的地方，但卻不可把它與佛法混淆。有些氣功建基於外道思想，從根本上已是與佛法不符的。

有關佛法修持

我並未皈依三寶，但我一向十分虔誠地拜觀音，哪我算不算是一個佛教徒呢？

虔誠地供奉、頂禮、供養及繞拜觀音大士固然很好，但卻不能說是具足三寶皈依的「內道弟子」（註：指佛教徒）。

正式的佛教徒，必須皈依佛寶、法寶與僧寶。觀音大士是三世諸佛之悲心化現，其實體性是佛，但化相則爲菩薩，而菩薩是屬於聖僧寶。

心中一心依止觀音大士的人，頂多只能說是相近皈依僧寶，並沒有皈依佛寶及法寶，所以並不可算是「三寶弟子」。

三寶的功德是不可言盡的，三寶中的任何一寶也是功德不可思議的。如果我們只皈依三寶其中的一寶，或只依止一位菩薩，的確也能得到極大的利益，但卻不足以令我們解脫三惡道苦及超脫生死苦海，更加不能令我們成就圓滿佛境。三寶中以法寶爲究竟依止，我們必須奉行佛法開示，才能得到解脫自在及成就無上佛境。皈依三寶中的一寶，甚至只皈依其中一位菩薩或聖者，已足能令我們免於世間上的危難，但若要證得恆久的福樂，則必須依止三寶。

皈依三寶有八大殊勝利益：

（一）成爲「內道弟子」；

（二）堪受戒而修持；

（三）能淨化過往罪障；

（四）能廣積無量功德；

（五）人與「非人」不得加害；

（六）不墮於三惡道中；

（七）世間與出世間所願皆能如意；及

（八）最終必定成就無上佛境。

在皈依了三寶後，有甚麼是不可以做的呢？

皈依了三寶以後，即使並未受持五戒或其他戒誓，亦須依止皈依學處而行。皈依學處分爲不共與共通的，這些你都必須注意奉持。

不共的學處分爲遮止學處及成辦學處。

遮止學處爲：

（一）皈依佛已，不依止天神、「非人」及外道等。如果只對他們供養而不是依止，則未算作違犯這一點；

（二）皈依法已，不得傷害任何有情生命，對小至一蟲或大至人類都不可去傷害；

（三）皈依僧已，不與外道及邪見者共住。這一點現今不易圓滿辦到，但其精神乃指不受邪見者影響修持的道心。佛法弟子不歧視持其他見解的人，但初學弟子要小心勿爲他人之見解而失去依止心，例如因自己未有基礎，在聽到別人說因果並不存在時會信心動搖，故須小心護持剛萌芽的依止心。在自己有基礎後，你不但可以與他們共住及接觸，更因菩薩精神而必須與他們接觸，從而領其入於正法。

成辦學處為：

（一）皈依佛已，要視一切金、銀、銅、木乃至紙繪佛像為眞正之佛陀，不可於其上跨過或販賣，亦不應對其作世間財物想；

（二）皈依法已，要視經典為法寶，不可把佛經放地上或於其上跨過，亦不應以營利維生的動機販賣佛法；

（三）皈依僧已，應視所有出家人為僧寶之代表，乃至對袈裟亦心生尊重，不於其上跨過。

皈依的共通學處有六點，分別是：

（一）憶記三寶功德而常依止；

（二）以供養報三寶恩德，例如於每次受用飲食前於心中先對三寶作供養；

（三）引領他人依止三寶；

（四）日夜各三次修誦皈依偈，即唸誦三皈依文日夜各三次的意思；

（五）對三寶不失依止心，即使只是隨意地以此開玩笑亦絕對不可，乃至寧捨

身命而不捨依止；及

（六）隨自己之能力而受戒，例如五戒、十善業及大乘八關齋戒等。

自己信佛而家人不信，怎麼辦呢？

他人信不信三寶，是他們的業力、因緣及個人自由，與你無關。要遇上三寶及依止三寶，不單是因緣際遇及個人選擇，還要有一定福報，不是每一個人都有這樣的福報。

家人不信三寶，你可以嘗試爲他們講說一點佛法，最重要的是先修好自己，以自己的改變作無言的開示。你絕不應該強逼家人信佛，也不要對他們不信而生瞋心或因爲你的信仰而令他們生瞋。佛法修的主要是心上的功夫，如果家人不喜歡見到佛像等，你可以不設佛壇，在內心密修佛法，那就不會令家人生瞋恨心了。佛法教示我們教道安忍，佛陀又說父母是我們的福田。透過忍讓父母及令其生喜，也是在修持佛法。只要你運用善巧，同時修持佛法而又不傷害到家庭和氣是絕對不難的。

我本人信仰三寶，但我的言行卻常令朋友及他人評謗，我應當怎麼辦？

他人信不信佛，並非由你來決定，而是他們自己的因緣。如果你對佛法有一定認識，不妨對親友略談一下佛法的殊勝及因果等教法，或許能令親友生敬信而依止三寶，或起碼令他們不至天天評謗三寶。

朋友對你的信仰反感，往往是因爲你自己的言行未能表現佛法。如果你的內心洋溢出慈心及悲心，相信大部份不論甚麼信仰的人都不至對你反感。如果你處處標奇立異，天天評擊別人的信仰或他人的不善業，只會令人討厭你，亦禍及你的信仰。初皈依的人，首要任務是管好自己，不是去激進地向他人佈教說法。如果你的一舉手一投足都表現慈心及悲心，他人自然會察覺，最好的教育往往不需要說話。

即使要弘法說法，也需要很大的安忍及善巧。有些人在皈依以後，一見到他人的過失，就搬出一大堆佛法戒條及因果理論來嚇唬他人，結果自己失去了一堆朋友，卻未能令一個人對佛法生歡喜心，反而令他們都討厭佛法。反過來說，如果自己的言行都向好的方向改變，別人自然會喜歡親近，你說的話也較易令他人接受，至少不會令他們反感。

即使與其他信仰的人相處，只要有安忍及悲心，大家一樣可以成為好朋友。衲是一個佛教僧人，但衲有十幾個很要好的天主教神父朋友，有時候衲還會去他們的修院閉關禪修。在一九九七年，衲的一位神父朋友也跟衲一起往大藏寺（註：大藏寺乃祈竹仁寶哲所屬寺院）朝聖，他甚至還計劃再到大藏寺進行天主教式的靜修，所以在寺院的後山建了一間關房。由此可見，宗教信仰可以是很包容的。如果你在皈依後變得自鳴清高和輕視他人，就肯定是你對佛法之瞭解錯誤。作為依隨佛陀教法的人，我們可以不求令他人也來皈依，但卻應改變自己成為更包容及更易相處的好人。在與人相處中，你不一定要在外表上處處表現你的信仰，反而應在內心上培養佛法，以你的包容及愛心來表現你的信仰。

持咒及唸佛號之間，哪一種修持比較好？

這是一個常常有人提出的問題。

在一般情況下，持咒與持名是同樣效用的。如果我們得到了某部本尊法的灌頂，受持了此本尊的眞言，則宜主修這句眞言。在這情況下，在從師處受持學得的咒句有著歷代祖師的殊勝加持，變得具有特別的力量與意義，所以比較容易達到成就。舉個例說，如果你從師長處得受觀世音大士的灌頂及眞言，而你又想認眞地去修持觀音法門的話，持上師所授的觀音眞言會比持唸觀音的名號較易成就。這並非是說眞言比名號的力量爲大，而是因爲這句眞言是由佛陀開示，歷代不斷傳承至你的這一代，這不斷的法流有其殊勝的加持，所以對你來說，持這句由上師處得受的咒就有了特別之力量。

此外，在某些經中，佛陀開示弟子持某本尊咒的利益及方法，在這些情況下，持咒及依照傳承儀軌去修誦是最有效的修持。在另一些經中，佛陀開示弟子稱唸某本尊的洪名，故此，稱唸佛名便有特別的意義了。有些聖者曾發下一些不共的宏誓，願稱其名者得到福樂，例如阿彌陀佛便發了這一種大願。故此，稱唸彌陀名號的人特別能得到加持。在彌陀咒「唵　阿咪爹華　舍」中的「阿咪爹華」，其實正是稱唸阿彌陀佛的名號，持這個咒與漢地所唸的「南無阿彌陀佛」根本毫無性質或加持上之分別！

有些咒的內容根本就是在稱唸佛的名號，例如藥師佛咒「唵　比幹者　比幹者　瑪哈比幹者　能渣三木格爹　疏哈」中的「比幹者」是「醫師」之意，整個咒就是在稱念藥師佛的名號：「醫師！醫師！大醫師！」彌陀的咒是「唵　阿咪爹華　舍」，其中的「阿咪爹華」正是彌陀的名字；還有釋迦牟尼的咒：「唵　牟尼　牟尼　瑪哈牟尼耶　疏哈」，一樣是等同持名稱號的。

佛法上的咒，分爲不同的種類及性質，有些稱爲「行咒」，有些稱作「心咒」，有些稱作「近心咒」，有些則叫做「名咒」，其中「名咒」的本質就是稱唸本尊的名號。

修持的人，必須好好有信心地去修。如果天天在思疑比較，不論是持咒或稱號，結果往往都是一事無成！

在持咒時，是否咒音不準便修持無效呢？

持咒的時候，如果能依據最準確的梵文咒音誦持，自然是最好不過的。如果不能的話，只要能依自己師長的教授發音而至心誦持，則也是可以的。

在準確發音及信心這二者之間抉擇，信心絕對是較發音正確來得更爲重要。修持的人，不論是修咒或持號，如果對師長的教授及修持的法門有所懷疑，則不易得到甚麼成就。衲並非說正確的發音並不重要，也不是叫大家可以隨便怎樣去發音。衲只是想指出，對咒及師長的教授之信心才是成就的關鍵，發音是否完美正確只是次要的因素而已。

在古西藏，曾經有一個叫做「固青達查華」的偉大行者。這個行者專修一種叫做「普巴金剛」的密法，擁有各種奇妙的神通力，在修法的時候，他一邊持普巴金剛的眞言，同時手持一種叫做「普巴杵」的尖錐形法器。因爲持咒的力量，這位行者可以用「普巴杵」在大岩石上隨意切劃出深刻的痕跡，情況就好似我們用刀子在豆腐上切割那般。有一天，著名的薩迦班智達大師（註：十二世紀的佛法大師，薩迦派五祖之一）遇上了固青達查華。在討論修持之對談中，大師指出這位行者專修的眞言發音有誤，正確讀音應該是「唵　班渣奇里奇啦呀　吽呸」，但行者卻把它錯誤地唸成「唵　班渣幾里幾啦呀　吽呸」。在大師離開以後，固青達查華便放棄了錯誤的一貫讀音，開始以標準的發音持咒，卻發現他的「普巴杵」不再能穿入石中，這是因爲他對咒音起了疑心。後來，這位行者決定維持一貫的信心及以往的發音，他的能力又再回來了。這件史事告訴我們，咒音是否完美正確只是其次，信心才是最重要的成就關鍵！順帶一提的，固青達查華修法時用「普巴杵」在大石上劃切，這些表面上有無數刻紋的大石現在已成爲西藏的朝聖地點。

在西藏，很多大師的說話及唸誦都帶有濃厚的地方口音，但他們的弟子在學咒後至心持誦都有成就！所以，我們固然要儘力學習正確的梵文咒音，但更重要的是，我們必須對誦持的咒有很大的信心！

甚麼是「本尊」？怎樣可以知道自己的「本尊」是哪一位？

諸佛有無量之多，其化身更是無量；諸大菩薩也是無量的。所謂「本尊」，譯自梵文 **Yidam** 這個名詞，意思是我們終生專注修證的一位佛的化身。這尊佛的法門就是我們終生不輟、永不放棄的主修法門。

「本尊」並非西藏佛教獨有的概念。漢人大多都以彌陀及觀音爲「本尊」，只是你們通常並不以這個名詞稱之而已，其概念是一樣的。

修持某個本尊，不代表你不尊敬其他佛眾。本尊就是你專修的法門，以他來代表一切三寶及佛眾等。

一般來說，只是有宿世因緣的眞修行者才需要請求高僧大德決定本尊，大德們以各種方法觀察這個人與何本尊有緣，或他的前生所修的本尊是哪一尊。在選擇正確以後，由於過往世的因緣，行者修同一尊本尊會較快有成就。我們一般的凡夫，過往世有何大修持可言的？所以我們並無甚麼需要去請大德們代選本尊。如果有某位佛的名字，你一聽到就生起莫名的歡喜或感動，或覺得特別合意投緣，那就以這位作爲本尊就對了。否則的話，一般凡夫以彌陀、觀音或度母作爲本尊即可，因爲他們都與我們有特別的因緣。

如果你準備放下一切，到山洞內終生修持，那倒值得去問一下上師代選本尊。一般的人，只不過是在世俗生活中隨力修一點法，那就根本不需特別觀察選擇本尊了，以觀音、度母及彌陀等爲本尊即可。諸佛之間是並無分別的。衲的師公柏繃喀大師常說：「本尊並不最重要，菩提心才是最重要的修行。你們應以『菩提心』爲本尊，以『十善業』爲護法！」

修密法的人，可以同時修淨土嗎？

這個問題不是一個可成立的問題。在傳統上，密法之修持與淨土的概念根本不能分開。修密法的人，就是要觀自身爲本尊，所處爲壇城淨土。如果撇開淨土的概念，密法也就不成立了。所以，修密法的人並非與修淨土的人對立，修密法的人也是在修淨土的。

淨土並不狹指漢地淨土宗所提倡的極樂淨土。淨土有無量之多，也有性質上之分別。修密法的人不一定都在修證應化佛土，也並不全是在修彌陀西方極樂淨土，但卻都是在修與淨土有關的法門。修持往生極樂淨土，也不只限於持名唸佛這方法，也有密法的極樂淨土法門，這也一樣是淨土法門的其中一種。

你想問的問題其實應說作：修密法的人是否可以同時修唸佛往生極樂淨土的方法？這答案仍然是肯定的。但修持貴乎專一，所以或許最好是選密法中與阿彌陀佛有關之法門及本尊而修，這樣就根本不存在兩個法門的問題。譬如說你可以修觀音的密法，又或觀音化身馬頭明王的密法，又或度母的密法，又或阿彌陀佛的「破瓦」法等等，這些都是與彌陀及其眷屬觀世音大士有直接關係的法門。在藏傳佛教中，也不是所有法門都屬密法。觀音、度母及彌陀等法門，在西藏既有顯乘的修法，也有密乘的修法。很多漢人把整個西藏傳佛教稱爲「密宗」，這是一種極爲不正確的分類及稱呼，只反映了他們對藏傳佛教的無知。

修密法也可以修顯宗嗎？

要修學密法，首要修件便是要具備顯乘教法及證悟之基礎，否則便根本未具足修密法及授受灌頂之根器。

現在的人喜歡走捷徑，一開始便一窩蜂地追求密法，又有很多上師為了名利而迎合這類人的要求，造成了佛法顛倒的現象。

很多人以為藏傳佛教就等於密宗，這只是他們的無知而已。藏傳佛教包括了小乘、大乘顯宗及大乘密法所有的教法及行持，並不能說藏傳佛教就是密法或密宗。格律派的學僧，先要在色拉寺、甘丹寺及哲蚌寺等佛教大學研學顯乘教法約二十年。在遍學中觀、般若、俱舍、釋量及戒律部教法以後，才可以修學密法。在未畢業以前，學僧不得接受密法，這三間寺院中亦禁止傳授及修持密法。在畢業後，僧人可選擇入密院學密法或私下求法，也有很多根本不選擇修學密法的。衲便是經由二十多年的顯乘經教訓練後才學密法的。

如果沒有顯宗的根基，不可能修密法。所以我們並不能視「顯」及「密」為對立的兩派，只能視它們為次第；密法似是大廈的頂樓，必須經過下面的顯乘教法而證悟方能得入。修密法的人，不但可以也修顯乘教理，而且必須先修學顯乘教理。

有很多法門我都想修，怎麼辦呢？

若果你能修持所有法門，那是最好的事，但這對你來說並不可能。

如果你只是指持一下咒或唸名號的話，多持幾位佛的咒或名是沒問題的，可以儘管多修幾個無妨。如果是說到眞正的深入修持，則宜選定一個，把有關這個法門的所有細節都學懂，也要求得有關之清淨不斷傳承，然後好好地專心修這個法門，其他的法門可以當作為旁支輔助的修持。譬如你以彌陀為本尊，就專修他的持名、持咒及遷識等法門，但可配合金剛薩埵法門以作懺罪、文殊法門以作增長智慧……等等，但彌陀法門才是你最主要的依歸。對你而言，彌陀法門是終生不棄的專修法門，其他的法門只是旁支的輔助，心中仍以彌陀作最終的依止對象。

曾經有祖師說：「愚者修一百本尊而不能證得與一尊相應，智者只修一位本尊，卻能成就百尊的相應！」只要你好好去專修一位本尊，在成就時自然會得到等同修持所有本尊的相應，這一點你毋需擔心。

學習持咒及修本尊法是否是一定要先受灌頂呢？

如果是普遍流行的咒，例如觀音六字大明咒、度母咒、彌陀咒等，即使沒有傳承也可以修，這並無盜法或不如法之嫌，大家毋需擔心。但如果能得該本尊之灌頂或口傳，則更加好了。爲甚麼呢？因爲你的修持更具足了由本師釋迦牟尼至自己之清淨及從未中斷過的傳承加持，所以會變得更有力量及更易成就。

如果是其他的咒及法門，則必須先得具有傳承及有作灌頂上師資格的明師授灌，最好又再求受傳承導修開示，這樣才是最圓滿的。否則只得口傳及導修開示也可，其至只得口傳也可以去修。較深妙的法門，必須從師受灌頂，再得口傳，再得傳承導修開示及上師之個人心要傳授，這樣才最圓滿。而且並非只受一次，每逢有機緣時，都要多受同一法門及本尊之灌頂及重複聽受講解。有關經典的修學，雖然並不需要任何灌頂，仍以得到口傳及傳承法師之講解釋義爲最佳，因爲歷代不斷之口耳傳承是有其殊勝加持力量的。

修法的人，不是在求得傳承就可以不依止師長，獨個兒躲起來修，不再理會恩師。在求得傳承後，這師徒關係是一生一世乃至直至成佛的。師徒關係與傳承二者都一樣重要，絕不可以求得傳承後便自以爲日後與傳法師長不再有關係。如果以這樣的態度去修持，不論傳承如何殊勝，是肯定不會生出成就的。

修持一定要依從師長嗎？不可以自學嗎？釋迦牟尼不就是無師而自證嗎？

從師而修學是唯一成就之道。單單自己看看書、打坐一下，當然也有一定的利益，但絕對不足以得到眞正的成就。

修持佛法的人，不但需要佛學上的智慧，還需要傳承歷代祖師不斷之加持，才能生出如法的證悟。由入門皈依三寶起，乃至受戒等都需要有師長之傳授才能得到清淨之傳承。即使佛學上的智慧，也要有足夠福德資糧才能得證，而師長正是一個有力量的福田，我們藉著供養師長、承事師長及奉行師長的教法，可以積累無量功德。佛陀曾說：「對諸佛供養可生功德，但不一定令諸佛生喜。在一位眾生對其師長恭敬承事時，則又能生供養之功德，亦同時能生令三世十方諸佛歡喜之功德。在一位眾生對師長承事供養時，十方三世諸佛皆歡喜垂視！」再者，佛學上的智慧，亦非可單靠自己揣摩就能正確地理解，還需師長依歷代祖師之傳承開示去釋義，方能得見佛語之密義眞髓。師長的口訣及心要就似是開啓佛法成就寶庫的鑰匙，不用鑰匙而盲目地自己摸索的話，是不可能開啓寶庫的。

釋迦牟尼本師並非沒有師長。如果你讀《佛陀本生經》，就會知道佛陀在過去生曾遍訪明師修學，甚至犧牲身命爲求一偈佛法。在歷史上，從來沒有單靠買一本書自己讀一讀就成佛的先例！

以上所說的並不限於藏傳佛教，在原始佛教中，從師而學是一向的學修方法。在今天，各派佛教中不乏明師，你不要只因爲不願謙虛拜師而斷送慧命。即使世間的學問，也必須從善師而學，何況出世間的妙法眞義？

甚麼是「根本上師」？一個人可以有多於一位「根本上師」嗎？

「根本上師」的藏文是 Tsawai La ma，他是我們成就無上佛境的因。所有佛法的成就，無不源自依止根本上師。依止上師就似是一棵大樹的樹幹，一切佛法成就與證悟好比支幹及樹葉、果子等，它們都依靠樹幹而生出，全部源自大樹的主幹。如果缺少了主幹，就不可能有支幹、樹葉及果實了。

「根本上師」並不是西藏獨有的新概念。不論南傳佛教、漢傳佛教或藏傳佛教，都源出於傳統印度佛教，而「根本上師」及依止師長的概念正是佛教的基礎概念。

初修持的人，不需刻意尋找根本上師，應先行好好學習皈依及因果法門等，並尊敬依止所有你曾向其學習的師長。

「根本上師」就是最能令我們的心得益與進步的一位師長。誰是你的「根本上師」，不需要你刻意決定，而往往是到時你自然知道的。你可以有多位師長，有些師長可能很有名氣，但有些或許只是默默無名的僧人。在師長之中，哪一位的教法對你最有益處，他就是你的根本上師。你的根本上師未必有名氣，也不一定說法善巧，甚至可能是從未正式登座說法的一位普通僧人。一旦你心中生起覺受，感到這個人就是你的根本上師，他就成爲了你心中的根本上師，這過程並沒有任何儀式，你也毋需向這位師長請求或表白，即使他不知道你視他爲根本上師也不要緊。自己的根本上師是哪一位，你要視爲秘密，並無需要向人宣傳。事實上「根本上師」似像是一個概念多於一個人物。如果你視某人爲根本上師，你就要視他爲你所有師長的總體，所有的師長你都要視爲是他的化現；你應想著所有師長的體性是一體的，也就是你的根本上師。透過供養承侍根本上師，你想著是正在承侍所有你的師長。

你只需一位根本上師，而你要視自己的其他師長是他的化現，所以毋需多於一位根本上師，反正其他師長你一樣要去尊敬侍奉。一旦認定了根本上師，我們最好不要改變心意，否則利益不大。

一個人可以有兩個師父嗎？

有一個具資格的師長就可以是足夠了，但遍禮依止一百位師長也一樣沒有不對之處。

師徒關係不一定是有特別儀式才建立的。如果你向一個人求法，他亦應求教了你，即使他所教的少至只是經上的一個字，你與他的師徒關係也就建立了，你必須終生視他為師長和視他與佛無異。如果在建立了師徒關係後對師長不尊重，就成為了修行成就上的障礙。如果你有一百位師長，而你對其中一位不尊重，在其他九十九位師長處所學的都難以成就。

一般來說，雖然你也可以依止多位師長而修學，但師長太多時反而有可能令你對修持之道的理解混淆，倒不如好好依止一至數位具德師長，老老實實地去承侍及修學。如果只是去聽佛法開示，而自己並非求法的人，心中亦未生出：「他是我的師長！」之念，則不一定要視講者爲自己師長，但當然仍要對說法者生起如佛想之正確聽法心態。如果參與灌頂或自己求法，則師徒關係肯定是建立了，必須視授者爲自己的其中一位師長。在一些較多人參與的灌頂或授戒法會中，授者不一定記得所有得法或得戒者，但這不代表師徒關係就不成立。

如果發現自己之師長所作所為與佛法背道而馳，怎麼辦好呢？

我們必須在依止一位師長前詳加觀察，不是看到報紙宣傳便一窩蜂地前去依止。世間上的學問，我們尚須擇明師而依止而學，何況生死成就大事？

如果已經依止了一位師長，我們就應該看他的功德，而不是去挑他的過失。如果他有甚麼過失，你應該早在觀察期中決定不去依止。一旦已經在心中起了依止心，再反悔就已太遲了。沒有人逼你去依止一位師長，這純粹是你個人的抉擇。如果並未好好去觀察便盲目依止，就只有怪自己了。

如果我們以批評及狹窄的心胸去看，世上全都是有過失的人。即使佛陀再世，在你眼中也一樣會是充滿過失的。佛陀在世時的俗家親戚提婆達多便是一個好例子：他眼中的佛陀不但不是圓滿的聖人，反而是他的敵人，所以他還處處陷害佛陀。若透過智慧的眼光去看，你會發現原來每一個凡夫都有值得你去學習及尊重的特質，何況自己的師長呢？你眼中的師長之過失，極可能是你內心的反映而已，並不一定是師長眞的有過失。

如果你眞的肯定師長在客觀上有過失，或根本沒有眞正之不斷傳承等情況，最好是悄悄地疏遠而另尋師長，但絕不可批評已依止之原來師長，心中仍要視他爲自己的師長中之一位。在傳統中，一個修行人可以有多位師長，所以再依止其他大德是沒有過失的，但謗批自己之任何一位師長則是不如法的。如果你已與某人建立了師徒關係（即使只是在心中依止而並無告知師長），就不要再批評他。你儘管可再依止其他師長，但不要評謗原來的師父。其他人如果與他並無師徒關係，這個人又的確眞的有很大的根本過失，或許還可出言以維護正信佛教的形像，但作爲徒弟的你就不要插嘴了。總而言之，依止一個師長前要觀察入微，依止後就要視師如佛了。

修禪定的作用是甚麼？它可以令我成佛嗎？要多久才能成就禪定？

如果沒有禪定成就，顯乘上的大證悟是無法生起的，密乘上的生起與圓滿次第之證悟亦無法成就。禪定就好比一個容器，可以受持所有佛法於內。如果要得到解脫，我們需要成就出離心及空性的證悟，但要證空就必須配合禪定及觀察修二者。

只修禪定並不能令你成佛。禪定只是有助於我們成就佛境的一項工具，並非單靠它就足以成佛。

要成就佛境，最重要的是具備出離心、菩提心及正見，三者缺一不可。如果沒有出離心，則所修禪定並不堪稱爲修持佛法，哪裡會令我們成就解脫或成就佛地呢？外道與內道所修的禪定方法大致上原理一樣，但內道弟子以出離心為動機去修它，就令它成為了解脫之因；如果以菩提心為動機去修定，則成為了成佛之因。只修禪定而不修菩提心，並不能令你成佛，也不屬於大乘的修持。如果你連出離心也未有，則你的禪定修持根本未能算入佛法之修持之中，所以你的禪定既不會令你成佛，也不能令你解脫六道生死。

要成就禪定，必須先具備六個先決條件：

（一）住於有利修定之地方；
（二）不執戀世間華衣美食等；
（三）心常滿足；
（四）完全離棄世間俗事；
（五）戒行清淨；及
（六）離棄欲求。

依經論述及歷代祖師之經歷，若能具備上述修件而於靜處精進閉關專修，半年內可以成就禪定。這是指真正的全心全意投入閉關專修，並非說一天修上一、二小時就可以在半年成就。在閉關中，除晚上作少許休息及日常食飯的時間外，整天都在修定。

禪定是怎麼修的呢？世界上有太多教授禪定的法門了，我應該如何去抉擇？

世上有很多教授禪定的法門，其中有些是其他宗教的，例如印度教及道教的法門等，也有些是稱爲佛法的，其中又包括了正確的修法、誤解的修法及掛著佛法招牌而實爲外道的修法。眞正要學佛教禪定的人，要謹愼選擇，不要隨便亂學。

如果你能夠依經典所述、佛陀所教的方法去修，這是最爲理想的。但經典中的任何一句偈文，往往已包含了很多內義，一般的人並不容易通達其深義，所以我們可以依靠印度的論著權威，例如無著大師、寂天大師及彌勒等的論著，大乘的禪定修持依這些古代印度論著就肯定不會有錯。你又可以依南傳上座部的主流而修學，這也是肯定爲清淨無誤的傳承開示。

外道的禪定我們不適宜修學；即使是自稱爲佛陀教法的禪定開示，我們也未必能肯定其必定爲無誤，所以最好依上座部或古印度論著所說地去修，才能肯定所修的方法的確是佛陀所開示的正確方法。

如果修持禪定，入了定出不了來怎麼辦？

世界上有很多修持的方法，衲不可能全部都聽過。外道的法門衲不太清楚，佛法中就沒有這樣的可能。在正信佛法的禪定修持中，只怕你無能力入於定境，絕對不存在出不了定的顧慮。禪定的定境不是「昏迷」，哪會有入於定中不能出定的可能性！修定的人有可能自主地入於定中很長的一段時期，甚至有能力入定以「劫」計算之長時間（註：「劫」是一種時間度量，謂年、月、日所不能計算的極長時間），但卻沒有不能自主出定的可能。人只有昏迷或死了才會不能得出，禪定可不是這樣的！

衲順帶提一下：有些人在修定時入於細微昏沉的情況，卻沾沾自喜的以為自己已經入於定境。宗喀巴大士之《菩提道次第廣論》詳述了修定及對治昏沉與掉舉的法門，你可以去讀一下。很多人連禪定是甚麼也不知道，卻開始修定，這是毫無益處的。

佛法教導安忍，但如果我們處處忍讓，豈不是更成為他人欺侮的對像？

安忍是佛法中很重要的一環。要達到面對遇上任何人、任何困境都能以安忍心處待，的確不是一朝一夕能達到的境界。

安忍必須與悲心並行才能成功。我們佛法中所說的「忍」，並非指畏懼停縮不前的弱者心態。菩薩的安忍與凡夫見到惡人時的懦弱是兩碼子事，不可混淆不清。在遇到蠻不講理的人時，我們應施以悲心，心想對方與自己一樣，不過是想得樂離苦而已。把自己代入對方的角度去想一想，自然容易生起悲心，從而生起安忍心。

我們也可視對方爲中毒發瘋的親母；如果你母親中毒發狂，威脅著要殺你打你，你肯定不會以瞋心先把她毒打一頓吧？你的心自然會以悲心對待，處處忍讓她。由此可見，能否行忍只取決於你與對方的關係觀念。

六道的眾生都曾是我們的慈母。自無始生死輪迴以來，在無數的轉生中，每一位眾生都曾成爲我們的母親。眾生的心中充滿著貪、瞋、痴這三毒，所以我們不單不應以瞋心回報，還要同情他們，以忍心對待他們的無理，就像是對待中毒發狂的親母一般。由自己的角度看，瞋心並不利於解決問題及人際不和，反而只會爲自己帶來痛苦。被別人以惡意傷害固然是你的不幸，但如果你選擇以瞋心報復，那就更加增深了你的不幸。他人是否對你傷害，並不由你決定，但你是否以瞋心報復，卻完全操縱在你的手裡。如果你也以瞋心回報，受傷害的不只是對方，你自己也在傷害自己。事實上，來自他人的言行並不可能對你造成傷害，你之所以感到委屈只因你對這些言行介懷。有人說過：「如果你是對的一方，你沒需要發脾氣；如果你是錯的一方，你沒資格去發脾氣。」這才是眞正的智慧。配合上深知瞋心的過失及安忍的優點之智慧時，你的安忍亦會較容易生出。

每一個人都是你的導師：慈悲的人教你慈悲之道；凶惡的人正在教你忍辱之道。在碰上窮凶惡極、蠻不講理的人時，你反而應該以歡喜心對待，你可不是每天都有機會碰上學習考驗忍耐的良機！他們是你修持安忍、成就功德的福田！

或許你仍會懷疑安忍就會被人欺侮，或視它爲懦弱的表現。安忍其實是世界上的一股大力量。幾十年前，印度的聖人甘地就單單以「安忍」打敗了整個英國帝國。你看：幾十萬個精英軍人及世界上的一股大力量，最終也要屈服於這個矮小的印度人足下。是軍力及帝國的力大呢？還是安忍的力大？

如果業力是不會消失的，懺罪又有何用處呢？

在佛陀開示因果教法時，爲了確立大眾對因果之信念，並未開示懺罪之法門，只說業力固定及有因必有果報。在佛陀開示大乘教法時，才教示了懺罪之法門。

要懺罪淨障，必須具足四力：

（一）境力——靠依止境而懺罪。我們以三業作不善，其對象不外乎聖眾與凡俗眾生，所以在懺罪時，亦依賴聖眾及眾生，例如供養三寶及為有情眾生作利益事業等；

（二）追悔力——畏怕所作不善之果報而生追悔曾造不善業因的真切心；

（三）對治力——以懺罪為動機所作之修持；及

（四）誓願力——決心不再作同類之不善業。

若四者具足，就等於把業因種子燒壞了及把它與好比水份及養份的煩惱外緣隔絕了，令其不得成果。這並非說「種子」消失了，而是說我們令它不得成長及成熟。所以，大乘之懺罪概念與小乘之因果業力概念毫無矛盾。

佛教人士常常放生，但既然在放生後動物一樣會死，放生又有何意義呢？

你的推論如果成立的話，你生病時也就不用服藥了，反正遲早你也是要死的。

世間上的眾生，當然最終也必會經歷死亡，而且還會再有轉生。被放生的小動物，最終當然也會面對死亡。但我們修悲心的人，本著盡力施予無畏的精神，若能令眾生少一點痛苦、多一點福樂，這也是很有意義的。最終來說，我們要發願成佛，才可以最究竟地協助眾生得樂而離苦，但在未有這種究竟地利益眾生的能力前，我們並不是甚麼也不做。能救助一個眾生至少一次，也一樣是一種善行，對被放的一方及放生的一方都有益處。施予眾生壽命，也就是自己在積聚長壽無病的因。

放生時，我們也不是只是買動物回來放走那麼簡單。我們爲牠們誦經持咒，令牠們得聞佛號及佛咒，在心識中種下一個種子，將來必會成果。我們也迴向祈願牠們能於未來轉生善道而得遇佛法，最終能得成佛境。這些是對牠們更長遠及實際的利益，也可視爲是「法布施」。此外，有些人也會爲牠們授予三皈依。一般畜牲聽不懂我們所唸的內容，所以也無從生起眞正的皈依心。如果嚴格地說，並不能說牠們眞的得到了正受皈依，但唸誦皈依之過程卻肯定在牠們的心識中種下了皈依的善種子，所以仍然是很有意義的事。藏傳佛教人士則會把甘露丸放水中讓牠們喝用或灑在牠們身上，這也會爲牠們的未來生帶來很大的利益。

放生也必須運用一些智慧，只有悲心而沒有智慧，是不能對眾生帶來大利益的。有些人竟把淡水魚放在海中，或把海魚放淡水河中，又或把外國鳥類放本地林中，這並不會令牠們壽命延長，反而令牠們更快死亡。有些生物本來就不是被售作食用的，例如觀賞魚及觀賞鳥等，將牠們放走並不是眞正的「無畏布施」。還有些人預先向屠夫及獵戶定貨，他們便刻意多捉一些生物以供放生，這也就失去了放生的意義了。

佛珠的意義是甚麼？市面上有多種佛珠，應選哪一種才為適合呢？

佛珠或唸珠梵語爲「瑪那」（Mala），是用作誦佛號或誦咒等之計算用法器。證量與境界高的大行者，不需要這些外在的法器工具。對凡夫佛子而言，如果對所作修持次數有個計算，對生起精進心會有幫助，所以可以用這些法器。

佛珠的珠頭代表佛寶，貫串整串珠的繩子表義法寶，小珠表義僧寶，所以一串佛珠就表義了三寶。珠頭（即較大的一顆）代表佛之色身，它上面有一個錐形的珠頂，代表佛的法身，珠穗則是並無特別表義的加飾。

佛珠以一百零八粒爲宜，但也有一百一十粒等的組合。在傳統上，有多種佛珠質料之要求，例如修息災法用白檀香珠、修攝懷法用紫檀木珠等，其形狀也有不同，數目也有不同的要求，持珠的手指也有不同要求，甚至串珠的繩之質料也有不同的要求，但以上這些繁複的細節，我們初學者不需全跟著去做。一般來說，用一百零八珠之菩提珠就可以了。佛陀是在菩提樹下成道的，菩提珠本身的堅硬特質又有吉祥的表達，所以菩提珠適合作任何法門的修持。一般人有一串菩提珠就很足夠了，不需刻意購買幾十條不同質料的唸珠。佛珠是用來修持的，如果有幾十條佛珠卻不修持，又有何意義呢？

格律派的僧人，一般都用原始的原木佛珠，尤其喜歡用代表文殊的六把慧劍之五台山六道木佛珠。這種珠十分平宜樸實，但又表義了大智文殊之加持，所以特別受學僧之歡迎。對修持觀音法門的俗家人來說，用石英水晶珠或蓮子製珠則也是特別適合的。有些人的佛珠配上間珠或一對小數珠串，這並無不妥之處，但格律派大寺的僧眾是不容許在佛珠上加上這些額外飾物的，也不可以用寶石製的佛珠。只有年資久的寺僧，才可以在自己的佛珠上加上間珠及數珠等。

此外，佛珠不是一種世俗的飾物，所以不需用貴重質料的珠串，也不需把它掛在頸上裝飾。在古印度傳統中，並沒有把佛珠掛在頸上的習慣。

既然「心誠則靈」，為甚麼要為佛像開光呢？

諸佛的法身是遍佈一切時處，住於每粒微塵之中的。對境界及證量高的行者來說，諸佛是常常在前的，所以這些大行者不需要佛像。對我們凡夫來說，我們並未到達同等境界，所以還是需要依循佛說的事相而作，尤其是示忿怒相的本尊及護法像等，一定要依法裝臟及啓請勝住。

一個新的佛像內裡應該是空的，供奉者必須請有資格的人裝臟及啓請聖眾勝住。「啓請勝住」是祈請諸佛聖眾來臨而入於佛像中的意思，漢人稱此爲「開光」，其實是從順世俗的稱法。常常有人帶來佛像向衲說：「請法師『加持』這個佛。」衲總覺得啼笑皆非；佛是圓滿的覺者，我們只是六道中的凡夫，凡夫怎麼可能「加持」佛呢！在「開光」儀式中，法師所唸誦的內容是啓請諸佛勝住於像中，並非「加持」佛像。

「裝臟」是把如法的物品裝填入佛像內部之意，所填入的物品包括舍利、經咒、珍寶、藥材及香料等有吉祥意義的東西，裝甚麼、怎樣裝及先後次序都要依佛經所述地去做。

如果一時並未找到有資格的人代為裝臟，可以自行在像的內部寫上梵文「唵」、「阿」、「吽」三字，然後以碎寶石或檀香粉填滿而暫時代替裝臟，心內要生起「此乃佛陀」之眞佛想。

佛像與菩薩像可以供在一起嗎？

這是可以的。一個完整的佛壇，應該起碼有一尊本師釋迦牟尼像、一本佛經及一座舍利塔，分別表義佛陀之身、語、意。在此以外，可以也供奉其他佛像及菩薩像，但其他佛像應放在本師釋迦牟尼像（或圖片）之旁位或略低一點的位置，菩薩像再放旁一點或低一點，如果也供奉出世間護法，則再要放低一點。只要如上以所述次第地排，可以把佛、菩薩及出世間護法在一起供。世間的神明、祖先、龍族及地神等，我們三寶弟子不應依止。如要略事供養，亦不可放在佛壇上，只可分開其他地方而供奉，而且不應生起依止信皈的念頭。對已死的祖先供奉，其實並不能爲他們帶來眞正益處，倒不如以利益他們的心而代爲供養三寶，把功德迴向予他們。祭祀祖先是漢地民間傳統，並不是佛教的傳統。

為甚麼要在佛壇上供水呢？

我們對諸佛所作的供養可以有很多種，例如水、花、燃香、塗香、食品、明燈等等，但最重要是供品的來源之清淨及供養時的心清淨。「供養之心清淨」是說不要在供養時生慳吝心或在供上貴重供品後又後悔。「供養來源清淨」是指不可以是經由殺生、邪淫、妄語等不善業而換取的供品供養，僧眾更不能以由妄言有大神通等不正的方法吸引施主而得來之物品作供。

清水是不須辛苦得取的東西，在世俗上而言又沒有甚麼貴重的價值，我們幾乎可以肯定地說，供水時供者必定不會生慳吝後悔的心，也不須以各種不善方法而得取，所以清水就成爲了最佳的供品之一種。

水有八種功德，分別有八種表義，所以緣起亦十分吉祥：

（一）清涼——表義戒德清淨；

（二）味甘——表義得享百味食；

（三）性輕——表義身心壯健；

（四）質軟——表義意念柔順；

（五）清澈——表義意念清明；

（六）無臭——表義障礙消除；

（七）益喉——表義成就妙語；及

（八）養胃——表義健康無病。

供水之時，供一杯也可以，供七杯也可以。先在杯中放少許水才放壇上排列，然後才倒添至近滿，這樣做是因爲供空杯之緣起不太吉祥，所以宜避免放空杯在供壇上。添水時不要滿溢，亦不要太少，加至距杯緣一顆米之粗度爲宜。杯與杯之間距離勿過窄或過闊，亦以一顆米粗度之距爲宜。在放下杯時，要恭敬輕輕放下，勿粗魯地擲投。在添水時，要以雙手持壺，似是對皇帝供茶那般恭敬。我們一般會在早上供水，傍晚把水倒去，把杯抹乾另放。以上細節是爲自己積聚功德而做的，不是爲諸佛而做的。大家不要以爲這些小節是多餘的執著，對凡夫來說，小節正是很重要的成就關鍵。

在佛壇上燒很多香是不是能得更大的庇祐呢？

供燃香的意義在於供上香氣，並不是在於供黑煙。如果是上好的香枝，多供一、兩枝還可以。如果是極劣的化學製品，就最好避免了，寧可用有限的錢買少一點但好的香，也比供上一大束劣質化學香爲適宜。

既然供香的意義在於香氣，你毋需把大束大束的香堆在佛像面前薰燒，只要在佛壇前手持香枝供養及祈願，然後把香枝插在較遠的香爐中即可。香爐最好不要採用印上佛經及咒語的那種。經咒是用來唸誦及領會的，不是用作裝飾法器的圖案。如果爐上沒有印上經咒，可以把香爐及香枝放地上，不需一定放在佛像正前方，免得佛壇薰黑。我們供香的對像是諸佛等聖眾，不是面前的銅像。諸佛不同凡夫，所以你不需把香堆在他們面前才能令他們嗅到香氣。事實上，供香乃爲我們自己積聚功德而做的，諸佛等根本也並不需要我們之供養。如果把整束香枝放在佛像前薰，會令佛像很快就被薰至烏黑骯髒，這樣反而不好。因爲眾生的數目是無量的，在我們爲眾生之利益而供養諸佛時，功德就會增大同等的倍數，我們也是眾生的一份子，所以也自然會得到利益。只要以清淨及正確的發心去供奉，即使只供上短短的一截香枝，也已能積無量功德。反過來說，如果只以爲自己求福的狹窄心態去供養，因著發心的淺小，功德也自然一樣地淺小，供上更多的香枝也不會帶來太大的利益。

在供香時，心要想著是在供養三世十方一切佛與菩薩等，對面前聖像生眞佛想。如果只認爲是在對著面前之銅鐵像供養，並不會生起甚麼功德。

此外，供香如果用電力的假香，就沒有供香氣的意義了。供燈是在供養光明，所以絕對可以用電燈代替；供香卻是供香味，並不能以電香代替，而且電香的閃爍微弱之閃光並沒有吉祥的緣起。

供了佛的食物應如何處置？如果有一天忘了供養怎麼辦？

如果仍然是新鮮的食品，可以自己受用或送予別人；如果供品已經變壞或過期了，則只好丟棄吧！

供在佛壇的食物，不需要放太久時間，即使只放一分鐘而在心中供養，也已足夠了。佛經並未開示必須供多久的時間，但諸佛根本不需要凡俗的食品，所以你不需要放很久去等聖眾受用完畢才撤供，略供一會兒就可以了。

供養飲食的時候，不應把好的自己留起而供劣質的。連你自己也不會受用的劣質飲食品，當然不宜作爲供佛之用途。雖然諸佛並不會眞的受用這些供品，但爲了吉祥緣起及積集功德，你仍須供上合適的供品，否則就寧可不作供。

忘了供養並無問題。諸佛不同於凡俗的眾生，你毋須擔心他們會生氣或報復，他們也不會因你忘記供養而要捱餓。供養只爲了自己之積聚功德，並不是聖眾有此需要。不過修持之要訣在於恆久不輟，每天的修持及供養等最好不要中斷，這才能生出因恆心而得之成就。尤其是過在家生活的行者，反正每天都要買菜購物，只要把買回的食品或未食用之菜式作供即可。這樣的話，既方便又易行，只要你不忘記每天吃飯，就不會忘記作供。

我不再需要的佛經及佛像應如何棄置呢？

已皈依三寶的人，必須視佛像爲真正的佛陀，不可以世俗之價值及新、舊觀念待之。舊的佛像，絕不可以因爲有了新的或更漂亮的佛像而把舊的丟棄或送走。新皈依的三寶弟子，最好先勿過度興奮地購置過多佛像。多供養佛陀形相當然是好事，但若後來沒有足夠地方供置而要丟棄豈不是糟糕？一個完整的佛壇，只要有一尊釋迦牟尼像、一本佛經及一個舍利塔就已完備，此外可加供一尊祖師像及一尊本尊像。如果能如法供奉供養，一尊如來已能令你藉而長養功德。若不如法供奉及供養，越多佛像反而令你積累越多不善業。

佛經雖非究竟義的法寶，但卻代表了法寶，所以我們不能胡亂丟棄。如果實在未用得上，又不能轉贈他人，你可以觀經上的字全部合融爲一個梵文「阿」字入於自己心中，心想經典之法已盡入自己，又想著現在面前的典籍只是白紙，然後恭敬焚毀，把灰燼放入乾淨的江河中。此外，佛經不要放在地上或在上面跨過，以免積集不敬法寶的緣起。

以上所述乃出自佛經及歷代開示，並非衲個人之觀點。作爲三寶弟子，就必須依循皈依之各別學處及共通學處而行。

有關淨土法門

有人說淨土修持只為一己往生，所以是小乘的修持，這見解有何錯處？

淨土修持屬於大乘佛法，並非小乘的修持。以爲修持淨土是小乘佛法的，只源出於未理解淨土修持法門的發心。

大乘修持者的發心，是爲求無上佛境而利益眾生。修持淨土的人，知道六道中煩惱極多，不利於修持，所以發願往生淨土之中，以期精進修持直至成佛。淨土並非大乘修持之最終目的，而只是像個中途站一樣。在淨土中，我們可以直接地依佛陀學法，而且該土並無令我們生起煩惱及痛苦的外緣，所以更適合於修持。在淨土中修至較高境界時，我們還是會自願地回到六道之中救度眾生，或者變出化身在六道之中利益眾生。

修持淨土的人，如果是如法地發起大乘的菩提心，並以此作爲動機而修證淨土，就符合了大乘的修持。如果並不持這樣的發心，則不能算作大乘的修持，但這並非說淨土法門本身不是大乘法門，只能說個別修持者之發心不符合大乘精神而已。眞正的淨土法門行者，是應以大乘的菩提心作爲動機地去修持的。

任何修持都取決於發心而定奪其是否佛法或是否大乘，並不取決於修持的內容。例如持咒，如果以小乘心去持誦，就是小乘的修持，成爲解脫生死之因；如果以大乘心去持誦，則成大乘之修持，成爲成就佛境之因。如果以求壽求福的心去修誦，雖然也會有成效，但就說不上是佛法的修持了。

有些人認為必須消盡了業障才能往生淨土，有些人卻主張可以帶業往生，到底哪一種說法才是正確的？

淨土又分爲三種，即法身佛淨土、報身佛淨土及應化身佛淨土。法身佛淨土只有成就佛境時才能說是達到了；報身佛淨土只有大菩薩才能達到；但應化身佛淨土的性質不同，凡俗的眾生是可以倚靠五力而往生於其中的。我們平時所說的彌陀如來之極樂淨土，其實是指彌陀的應化身佛淨土，並非指佛的報身淨土或法身淨土。三種淨土的性質完全不同，如果我們把三者混爲一談，就不易弄明白往生其中的條件了。

極樂淨土乃由彌陀的福慧及悲心所變化生出，所以我們一輩凡俗的眾生可以依靠五力的力量而往生其中。藥師佛的琉璃淨土及彌勒的兜率淨土的本質，也是類似極樂淨土的，只要具備五力資糧便可以順利往生，並不限於已完全懺淨業障的大聖者才可以達到。

要往生極樂淨土之中，最重要的條件是對六道輪迴的出離心及對彌陀的信心。依傳說開示，往生淨土必須具備五力，即白籽力、熟習力、決定力、祈願力及斷絕力。懺淨罪障固然是佛子必須致力於進行的方向，但五力才是往生極樂淨土的資糧，可說是我們上路所需的盤川。對彌陀供養、塑造彌陀的聖像、持誦彌陀的名號或眞言及唸誦與阿彌陀佛及極樂淨土有關的經典，都是在積集往生於其淨土的因。同時，對極樂淨土生起希求，發願往生彼土而得脫六道生死，及對阿彌陀如來生起信心，這些都是往生於極樂淨土的關鍵因素。

話說回頭，如果我們對自己的罪障一點也不生悔，又完全不作任何懺罪的修持，則很難奢望能具足五力而往生！所以，懺罪的確是有利於往生極樂淨土的，但卻不能說必須要達到完全沒有罪障的境地才可以順利往生！

（註：有關淨土法門，讀者可參考祈竹仁寶哲著作《心生歡喜》及《生死自在》）

佛陀開示了多個淨土法門，到底哪一個淨土是最好呢？

每一個淨土法門都是好的，否則佛就不會開示它們了。但因應各別眾生之根器及因緣，我們與各淨土之因緣是有深淺之分別的。我們會較易往生於某些淨土，較難冀望能成就另一些淨土，這並非淨土或諸佛之分別，只是我們與各淨土及各佛之因緣不同而已。

彌陀的西方極樂淨土與漢人及藏人很有密切的因緣。衲有時與西洋弟子說笑：「極樂淨土雖說是『西方』的淨土，卻老早被東方人佔滿了地方，你們還是改修其他沒那麼擠迫的淨土吧！」這當然只是無聊說笑而已，淨土當然是沒有人滿之患的，但極樂淨土的確是與漢地有特別因緣。觀音之普陀淨土與極樂淨土是一而非二，所以它也與我們有極深的因緣。故此，漢地的人修這兩個淨土或許較有因緣。

在末法期後，彌勒佛會在人間化生及示現成道及說法等事業，所以彌勒現在所處的兜率淨土與我們也特別有因緣。我們格律派的歷代祖師中，有很多都往生兜率淨土之中。因爲這傳承加持的因緣，我們與兜率法門也特別有深緣。

此外，藥師佛對末法眾生是尤其垂祐的，所以藥師的東方琉璃淨土與我們末法眾生又有這特別的因緣。

我們千萬不要說只有某淨土是最好的，或者某法門是唯一殊勝的法門。如果有某個淨土是最好的，佛陀卻開示了這麼多的其他淨土法門，豈不是說佛陀在說廢話？佛陀既開示了多個淨土法門，當然是說它們都是好的及能成就往生的，所以我們並不能說某淨土是最殊勝的。

有人說兜率淨土較近我們的世界，所以比西方極樂淨土較易往生，也有人認為兜率天只是天界，並非佛土，所以不應求往生於其中。這些觀點哪一個才對

呢？

事實上，佛經上所述之淨土所在，只是權宜爲利凡夫理解而說的。要達至某個淨土，需要的是出離心、五力及積集往生之因，並不需要交通工具。兜率淨土的確較接近我們的世界，我們也與它有密切的因緣，但地理上之接近不一定代表較易往生其中。佛陀亦極力提倡極樂淨土法門，所以眾生要往生於其中也是較有因緣的，並不能說因爲兜率較近而就會較易往生其中。淨土與我們的距離，並不成爲易證或難去的因素。

兜率天的確是天界的一部份，亦即六道中的天道轉生，這不是三寶弟子所應視爲往生目標的地方。兜率天上有一個內院，是彌勒住持的地方，也稱爲「兜率內院」及「彌勒內院」，它是一個佛陀化現的淨土，與兜率天完全不同。兜率天處於凡俗的六道之中，兜率內院則爲淨土，二者不可混爲一談。我們可以發願往生於兜率淨土之中，卻不應發願生於兜率天中。

要生於兜率內院，必須積集往生之因。共通的因包括出離心、依止三寶的心及五力等；不共的因包括造彌勒像、對彌勒像繞行或頂禮供養、持彌勒及宗喀巴名號、及誦唸與彌勒有關之經典及儀軌或〈兜率百尊儀軌〉（註：參閱法師著作《心生歡喜》）等等。

我又嚮往極樂淨土，又想修持藥師佛的琉璃淨土，怎麼辦呢？如果我又修極樂淨土法門，又修藥師佛土法門，死後會往生何處呢？

這不是一個要去憂慮的問題。你不需擔心彌陀及藥師佛爭著要搶你去他的淨土，也不用擔心其中一位會因爲你不專一而把你拒絕於門外。

如果你成就了其中一個法門，自然會往生於該淨土。如果你成就了這兩個法門，就視乎臨終之念繫於哪一個淨土及看與哪一佛土的因緣較深了，甚至可能會有選擇的機會。

只要你達到了一個淨土，其他淨土是起念即達的，並不似人間的國土疆界那樣要簽證及坐飛機才能到訪。

但你也要考慮另一方面：如果你又修這個淨土，又修那個淨土，臨終時是否有把握專注繫念呢？這又是另一個問題。一般來說，修持以專注於一個法門爲較佳。上述的兩個法門及本尊，你擇一而修可能會更有保證。如果修彌陀淨土的人，同時也修觀音或度母法門則不算是另修另一個法門，因爲觀音、度母與彌陀是同一淨土、同一壇城的，觀音之普陀淨土實與彌陀的極樂淨土並無分別。

一般來說，我們修持以專心用功爲有效力；如果三心兩意，結果或許兩個法門沒一個能成就。

我們最好視自己之因緣喜好，選擇決定一個法門，然後終生不變地去勤修，這樣才容易得到相應、加持及成就。

修持就好比掘井，如果水源在地底下五十呎，你今天在東邊掘十呎，明天在西邊掘十呎，一年後你或許已經掘了近四千呎的總深度，但總找不到水源。其他的人，或許老早就找到水了。修行是同一回事。如果你又修這個，又修那個，最終一事無成，這是諸佛的錯嗎？難道你就可以作出勤修無用的結論嗎？這是你本人的錯誤，不是諸佛、師長或法門的過失！如果一門專修，成就是指日可待的。

我既想修淨土唸佛法門，又想修持彌陀心咒及儀軌，又想修「破瓦」法，怎麼選擇才好呢？

這個問題要分開幾點來說。我們先談一下淨土唸佛法門：很多漢人都幾乎視彌陀念佛法門爲唯一的淨土法門，其實諸佛有無量應化淨土，例如東方琉璃淨土是藥師佛的化現，彌勒佛有兜率內院淨土等；即使專說彌陀的極樂淨土法門，也並非只狹指唸佛法門，持咒、彌陀「破瓦」法等也都是彌陀極樂淨土法門。「破瓦」法本身有不同傳承，也有分不同本尊的法門，彌陀極樂淨土的「破瓦」法只是眾多遷識法門中的一種而已。

我們修持的人，貴乎專注於一個法門而專修，不宜今天修這個，明天改那個。每一個佛示的法門都是殊勝的，也都各有其成就，但如三心兩意地去修的話，或許全部法門都修也沒一點成就！然而，如果你修唸彌陀及其弟子（註：即觀音、大勢至等八大菩薩）之名號，又持彌陀心咒及修其儀軌，又修彌陀的「破瓦」法，那你實際上都是在專修同一個本尊、同一個淨土及同一個法門，並不算是在修多個法門，所以並不存在取捨的問題。

修「破瓦」法與唸佛往生之間，何者較易成就淨土？

很多人追求西藏宗派的神秘感，便誤以為「破瓦」法一定比唸佛、持咒更為有效。「破瓦」法門並非如很多對藏傳佛教認識不深的人所想地神奇。它只是一種淨土法門，並不一定比持咒及唸佛號的修持更易成就。

要證達淨土，關鍵是出離心、對淨土及本尊之信心與五力。具備了它們，修「破瓦」法固然很易得成就而往生，若修唸佛、持咒等法門也一樣可以順利往生。如果不具備它們，不管你修甚麼大法門，也斷不可能得生淨土。

有些人說修了遷識法，在成功的時候頭頂會出現軟穴，可以插上一支香或一支草，這就代表死時可以去到淨土了，這是真的嗎？

「遷識法」藏名稱為「破瓦」（Powa，亦釋作「頗哇」、「頗瓦」、「破哇」等），是一種有傳承及有根據的修持。但修遷識並非如一般人誤解地那麼容易。

修遷識的人，在長至幾十天或短至幾天的閉關專修中，觀想心識由心輪向上沖出，然後又回返心中，如此反復地觀修，最後頭頂會出現一個小穴，或流出少許膿水，或出現頭頂中央略軟的現象。這是確有其事的，任何人去練修也可以成功，衲本身也修持過這種法門。

頭頂上出現上述現象，只是表示修這個法門的一個基本條件，絕對不是表示已經成功了，也並非表示你就肯定去到淨土或自主生死。

能否達至淨土，要視乎我們有否對六道輪迴生起出離心及對師長、佛陀及淨土的信心，同時還要積聚往生之資糧。佛法中有稱為「五力」之教法，是特別與往生淨土有關的教法，你可以自己去修學。頂上的軟穴等現象，只不過是觀修遷識時氣脈生理現象，十分輕易就能成就，而且並不代表修法上的成就或往生淨土的保證。頭上有頂孔，如果沒有出離心及信心，絕對不可能往生淨土。頭上沒有「破瓦」徵兆，但透過修出離心、五力、對師長及三寶之信心及積因，例如唸佛、持咒、觀想淨土等修持，一樣可以往生淨土。「破瓦」只不過是積聚往生淨土之因的其中一個方法，而不是唯一的途徑，也絕對不是往生淨土的捷徑或保證。

修持遷識法，如果不配合出離心及五力等，只不過是頂上多了一個洞，可以插上一支草拍過照片自吹自擂而已，並無實際保證可以往生淨土。即使不懂佛法、不信淨土的人，只要依同樣的法去修上幾天，一定也有徵兆，因爲這只不過是氣脈生理現象而已。如果能配合出離心及五力去修，「破瓦」才會成爲往生淨土的有效方法。

有人說修遷識法會短壽，這是否有根據的說法？如果在修法中死了怎麼辦？

修遷識法就是爲了往生淨土。如果在修持期間眞的就往生了淨土，這不是要憂慮的事，反而是可喜可賀的呀！你問這個問題，可見你雖對往生淨土有少許興趣，但始終根本並未有厭離六道的出離心。如果沒有出離心，修遷識或任何淨土法門都是不可能有所成就的。

有關修遷識法會短壽的說法，如果是天天都勤修的話，的確會對壽元有少許影響。有些人既修遷識法，也合修阿彌陀佛報身相的延壽法門。事實上，在開了頂後，行者每一周修一次「破瓦」就足夠了，並無需要天天修，反而應多修出離心及五力等教法，否則單單有個頂孔是無意義的。如果不是天天修「破瓦」，就不會對壽元有影響。另者，修「破瓦」時要觀心識上沖出離頂上少許，又回到自己心中，不是觀心識沖出而離開身體，這一點不可以弄錯。

修遷識法門的人，自修可以嗎？會不會發生甚麼差錯？

你先要從一位具有遷識法門修承的師長學習，求得他的遷識法傳承及講解。「破瓦」法的開示十分簡單，並沒有多少有可能理解錯誤的細節，只要用心去學，聽幾次就會明白。在得到傳承及講解後，如果一切開示都弄明白了，你就可以自己在家閉關專修，以得到吉祥徵兆為目標。一般的關期是二十一天，但基本上主旨是修至頂上有少許膿血流出或出現頂穴。在修得徵兆後，自己要多修出離心及五力等，也要多誦佛號或持咒等淨土法門，遷識儀軌反而不需勤修，只要開了頂，以後一周一次便很足夠了。如果師長之傳承是清淨的，自己亦沒有違犯師徒間之誓戒，對開示亦十分清楚明白，就不可能出差錯。如果上師開示對你沒弄清楚，自己想當然地胡亂觀修，就不是師長或法門的錯了。

至於傳承方面，遷識法有很多不同的傳承，也有不同的本尊，並不限於是彌陀極樂淨土的遷識。你先選擇時，如果要修彌陀極樂淨土的遷識法門，就要請求師長傳授該本尊及其淨土之遷識傳承。如果師長有彌陀淨土遷識法之傳承，便可求授該法門或本尊灌頂、口傳及傳承開示講解導修。但如果沒有受灌頂，只要是具足口傳及傳承開示講解導修，也一樣可以修「破瓦」法。

西藏人在家人臨終時，會禮請高僧進行遷識超度，這有否實際作用呢？

一些大菩薩、大轉世者及高僧的能力是我們凡夫不能思議的。有些大師的確有很大的能力，能夠在亡者經過中陰階段時，把亡者的心識強行牽引過來而送往淨土或較佳的轉生。在這些大師爲亡者作遷識後，亡者的屍身會有一些變化，例如頭頂正中會有少許頭髮自行脫下等等，這些是吉祥及遷識成功的徵兆。

如果是眞正有能力的大師，根本不需要親身坐在亡者身邊修法，即使屍身在香港，大師遠在澳大利亞，根本也沒有絲毫分別，距離並不構成遷識成功與否的關鍵。

衲認識一個西藏家庭。他們的父親赴遠地經商多年，音訊全無。有一天，有人帶來一個錯誤消息，所以家人都以爲父親在異鄉逝世了，他們便馬上請來一位高僧作遷識法，高僧本來在修法後表示已完成了遷識，但後來卻又神色怪異，欲言又止地離開了。很多年後，父親安然無恙地回來。大家談起這一件事，原來父在遷識的同一天同一時間，竟然曾經無故昏死過去，過了很久才回醒，這就是進行遷識的大師控制心識的能力之證明。即使人在千里之外，是不影響遷識作用的。這父親之所以又活過來了；是因爲他根本未命盡，高僧只好又把他的心識勾回。由此可見，遷識是的確有效用的。

但最大的問題是：你怎麼知道誰是通遷識法之高僧或大師呢？有成就的人往往不會自己宣傳，但這又不代表沒有宣傳的人都是高人。所以，佛法的修持是不講捷徑的，最實際的把握是自己去修遷識法，或唸佛，或修其他淨土法門，這樣才對自己的生死有所把握，不要把生死大事付托在臨終能碰上大師高僧的渺茫機會上。只要臨終一念能念及三寶，或者憶念自己的師長，則肯定會有好的轉生，這是不容置疑的。即使你的師長並非大師之輩，或無能力救度你，由於你一向是視師與佛爲無二的，你在臨終時對他的憶記他也一樣是能令得好的未來轉生之助緣。

如果遷識度亡法的確會有效用，作惡多端的人若臨終能有大師為他遷識，豈不是就十分「便宜」？

如果垂死或已死的人曾作五無間罪，則惡業力極重，即使有大度亡遷識能力的大師或高僧也未必有能力幫助他得到好的轉生。對一般的情況來說，如果有因緣得到合時的度亡及有證量的大師度亡，仍然可以得生於善道甚至淨土之中。

這一點與因果並無矛盾之處。如果我們把目光放遠一點，可以看出這作惡多端的人必定也有過往生的一些善因，否則就不可能在有需要時恰巧碰上有證量的度亡大師了。現在這善業的種子先成熟了，所以他得到了臨終的及時救度。我們凡夫看不到所有複雜因果關係，只知這人今生作惡，卻不知他過去生及今生中的善業種子，所以才會生起以上的疑問。

但話要反過來說：我們不可執上述的可能性而任性妄爲，只寄望於死時得大德之度亡便可以帶業往生。臨終時是否能遇上有證大德度亡，不是在我們掌握之中，這要看個人的善因緣。所以，最實際的是我們戒惡修善，也好好地修淨土法門，不要寄望於他人爲我們度亡。作惡的人是否能因大德度亡而往生，與你本身的修行無關。與其把時間花在推論及辯論這假設性的問題上，倒不如用同等時間好好修好自己的心及爲自己往生淨土而積聚資糧。佛法修持是與自己的生死大事相關密切的。把時間用在推論猜疑他人的事上，到頭來對自己的生死利益毫無幫助。

有關藏傳佛教

有人說修密法會很快成就，這是真的嗎？

如果具備出離心、菩提心及空性正見等顯乘的基礎，再如法求受灌頂、口傳及傳承導修開示的話，修密法的確可以較快地成就。這裡所說的「密法」，尤指摩訶無上瑜伽密部的生起次第及圓滿次第教法，並不是指聽受一兩課開示、比一比手印或唸一兩句咒的層面之修持。

如果沒有顯乘教法的證悟或基礎，妄想一步登天而馬上修學上述的密法，不單不是迅速成就之道，反而是直墮三惡道的最快捷徑。

密法是極爲殊勝的珍貴教法，必須是有基礎的上根行者才可以修持。「上根」的人只以爲是「下根」並不太要緊，「下根」的人洋洋自得地自以爲是「上根」則後果堪虞。但現在的人，都以爲自己是「上根」，更可悲的是，現在有很多人把密法當作商品地公開售賣，不論求者資格就隨便授予。在這些情況下，授者得到了眼前的名利等蠅頭小利，受者則高興自己成爲了「密法行者」，晉身「上根」之流。但這種買賣，就似是授受雙方相約手牽手的在未來直墮地獄。這樣的密法授受方式及在未具備基礎前就修學密法的人，不單不可能迅速成就，而且是在毀壞佛法，令佛法加速衰落及滅亡。

密法就如一頭野性的駿馬，懂駕御者能把它馴服而得大利。若把一個三歲小孩放上馬背的話，後果是不堪設想的。有些人公開傳授密法，爲的是財名，但卻以「爲悲心故而公開普傳」之幼稚藉口來辯護。把密法胡亂託予未有基礎或根器的行者，就像把利刀送予小孩，不但沒有利益，反而只會帶來傷害，歷代祖師並不是因爲缺乏悲心而不把密法公開亂傳。如果密法是不論根器基礎都可以修學的話，歷代祖師早就把它大弘於世了。

是不是凡是咒語都屬「密法」？

佛說經典可分爲「經」與「續」兩類，「經」是小乘及大乘顯乘教法的佛語開示，「續」是有關大乘密法的開示。

有好一些咒語及修持出自經部教法，所以並不能說凡咒語都屬於密法類別。本師釋迦牟尼的眞言「他一他　唵　牟尼　牟尼　瑪哈牟尼伊　疏哈」及藥師佛眞言等，便屬於經部所載咒句，並不屬於密法。密續中也有有關藥師佛之咒語、壇城及修持儀軌，這些則屬於密法類別。

漢地並不盛行修持密法，但僧人卻每天持誦各種眞言。這種持誦及咒語，並不屬於密法範圈。

有人說密宗是外道演變出來的，這有否根據？

修行的人要謹愼管束自己的口與心。說密法爲外道，就等於說三藏佛法是外道法，因爲記載密法的經典亦見於《大藏經》中。我們千萬不要犯上評貶任何部派的佛法之過失，例如密乘行者輕視顯乘、大乘行者輕視小乘、顯乘的人說密法爲外道或小乘者聲稱大乘非佛說種種。

外道或許有部份修持與密法有相似的地方，就正如佛教中之禪定修持與印度教的禪定方法類同的道理，但這並不是說二者是同源的。密法與顯法俱出自佛陀親授，二者俱爲純正之佛法。

有些把佛法視爲世俗文學而研究的人，喜歡由種種不完整之歷史片斷推證大乘非佛說或密法乃外道產生等等，又有些人索性說全部大乘經典都爲佛滅後的產品。這種論點，完全否定了佛經之可信性。如果佛經不是佛的親自開示，我們佛教就沒有任何可以依據了。世俗學者做甚麼我們不理，但三寶弟子千萬勿參與這種邪見，謗貶法寶是會有可怕後果的。

說密法爲外道或大乘非佛法的人，是在質疑三藏佛法之可靠性及評貶佛陀的教法。他們的觀點源出於愚痴無知及讚自宗貶他宗的狹窄心態。眞正修持的人，要尊重一切佛陀的教法，不可視其中之一部份爲低級的、多餘的或不純正的。

一旦參加了灌頂或隨喜法會，授者是否就成為受者的師長？

如果我們對一個法門、一個本尊或一位法師生起歡喜及尊敬心，繼而參與了其灌頂或隨喜法會，授者的確就成爲了我們的師長，我們必須把他視爲自己的一位師父，同時要視師若佛。如果你對一位法師並無生出尊敬依止的心，或對他沒有甚麼認識的話，千萬不要只看報紙的宣傳文告，要好好地觀察，不妨參加他的佛法開示及多作拜訪，在對他有信心時才求法、參與接受灌頂或口傳等。如果只是聞法，你可以視講者爲善知識或長輩，聞法者與說法者不一定建立師徒關係。但如你心中生起了依止之念，即使說法的人並不一定知道，你與他的師徒關係也一樣成立。如果你由一位師長處得受了口傳，少至一段法偈甚至只一個字，他也成爲了你的其中一位師長。

灌頂與結緣灌頂有何不同之處？

衲不知道甚麼是「結緣灌頂」，藏傳佛教中似乎並無這種名詞。「灌頂」的藏文為 Wang 或 wangkur，包含了加持、授予修持許可及傳法等的作用在內。「長壽灌頂」藏文稱為 Tsewang，參加資格並不嚴格，一般是公開的大型法會，人人都可以參加，也有人把小孩及牲畜都帶來參加此類灌頂。除「長壽灌頂」以外的其他灌頂在傳統上是很嚴格的，師徒雙方要互相觀察一段時間，求法弟子也必須具備一定的先決資歷。還有一種為 Wangchen，即「大灌頂」之意。「大灌頂」並非指在大的場地舉行或排場很大，而指灌頂的性質類別。在大灌頂中，要設立本尊的莊嚴壇城，灌頂又分為很多小部份，受者要入於壇城而被示以壇城中的秘密。獨勇大威德、上樂金剛及時輪金剛等法門之灌頂就屬摩訶瑜伽密部的大灌頂類別；千手千眼觀音法門亦有屬事密部的大灌頂。

此外，還有一種稱為 Jenang 的儀式（註：漢譯作「隨喜」），這並不是一種灌頂，而是某一尊本尊之加持法會。這種法會的參加資格沒有像灌頂般嚴格，參與後一般亦沒有太重的戒誓。

藏語中似乎並無「結緣灌頂」這個名詞。衲認為「結緣灌頂」應該是Tsewang（「長壽灌頂」）或Jenang（「隨喜」）的誤譯。Jenang（「隨喜」）並不是一種灌頂，不過對未深入認識藏傳佛教的人來說，二者的法會流程及內容可能有點相似。

有些人又以為法師把手或一些聖物放在弟子的頭上就叫做「灌頂」，其實這只是西藏佛教中的一種加持祝福的意思，並不是「灌頂」。

有遙距灌頂這一回事嗎？

只有不懂密法及完全沒有密法知識的人，才會相信有這一種可能。在歷史上，從來沒有遙距灌頂這一種事。

依古印度傳統，求灌頂者要先觀察欲依止之金剛上師三年，上師也要觀察準弟子三年，經六年後才授予灌頂。現今雖然並不那麼嚴格，但斷不可能連師徒都未見過面就傳灌頂的事。如果師徒間互不觀察而進行灌頂，這並非上師特別慈悲，反而是師徒牽手墮入金剛地獄的一個儀式，也是末法的一個可悲現像。如果是雙方並不同時在場，更加不可能進行灌頂。受過如法灌頂的人都知道，受灌者必須目觀壇城，由上師講解壇城的密義，所以根本就不可能遙距進行。

授予這種灌頂的人，多半是爲了名利財富才發明這種方法的。求以遙距方式受灌頂的弟子，或許也有欲求方便的心態，但求法及修持成佛是沒有捷徑的。以前的西藏人，要跨過喜瑪拉雅山去印度求法，還要侍奉師長十年八年才得到灌頂。現在的人，不需徒步找上師，遠比以前的求法者方便得多了。爲了求法，即使坐飛機到國外受灌頂也不算是大犧牲。比起以前的西藏人，這已是十分幸福的了。付出少的人，最終得到的肯定也不會多，修行本來就是沒有捷徑的一回事！

授灌頂的上師可以收費嗎？

現今是末法時期，世界上有不少以佛法行騙，也有某些的確有傳承的西藏僧人把灌頂及傳承如同貨品般買賣以換取名利，這是十分可悲的現像。這些販賣佛法的人，有時會以西藏祖師往印度求法的傳記片斷作為索取昂貴供養的依據。

在古代，真正的金剛上師是有殊勝功德的，弟子也有恰當的資格。在準師徒雙方進行觀察後，有時上師會要求弟子籌辦極豐厚的供養以求灌頂，例如有一位大師命弟子供養與弟子等重的黃金。求法的弟子會排除萬難，最後求得了上師所要求的供養，但在灌頂傳法後，上師卻把供品全數送還弟子，又或者把供品全布施予窮人，自己一點也不留下；又曾有一位大師在收到供品時，竟然把貴重的供品丟入河中，然後便為弟子灌頂。以上的都是歷史上常見的情況。為甚麼這些大師要求這麼多供品呢？這是為了讓弟子在積集供品之過程中懺淨罪障及積聚廣大功德，並不是上師真的需要這些物品。但現在的一些上師，則是真的為了要得到供養而授灌頂，這並不能與過往的祖師相提並論。

在灌頂前後，受灌的弟子爲著自己的利益，應該恭敬奉上供養，以積聚功德及表示求法或謝法的心意。作爲上師的，則不應執戀財物，必須以清淨的發心去授法。

一般來說，現代的上師都不會要求弟子作大供養，但起碼的象徵式供養則是傳統的一部份，有時上師會要求弟子供以少許米粒代替。如果指定弟子要付多少錢才能受灌的上師，大家不妨愼重視察一下才作決定去依止與否。雖然歷史上有很多這樣的先例，但那些都不是基於執戀財富的要求，而且後來上師往往都把供品悉數歸還。有時候，現今的法會主辦團體訂立一個定價，要求參加者共同承擔租用場地等費用。衲十分不喜歡這種做法，但卻可以理解主辦單位的苦衷。在遇上這些情況時，倒不是上師要求供養，只是主辦人要求參與者攤分法會所需開支而已。這雖然並不是最好的做法，但在資源不足的弘法環境下，尚可說是情有可原的。

西藏喇嘛的名字很多都叫「寧波車」、「仁波切」及「仁寶哲」等，這個名字有沒有意思呢？是否凡是叫「寧波車」的都是轉世高僧？「活佛」又是甚麼意思？

「仁寶哲」、「仁波切」及「寧波車」其實都是同一個藏文字 Rinpoche 譯音，「仁寶哲」的意思是「寶」。這種稱號並不一定用作稱呼人物，有些寶物也稱作「仁寶哲」，西藏大昭寺的釋迦牟尼像也被稱爲「覺窩仁寶哲」(JowoRi npche)。「仁寶哲」在被用作稱呼人物時，是一種尊稱，並不是那個人的名字。爲了禮貌及尊敬，西藏人很少直接稱呼其所尊敬的人之名字。「仁寶哲」被用作對轉世者之尊稱，也用作尊稱方丈、退休方丈及有地位的人物。所以，被尊稱爲「仁寶哲」者不一定是轉世者，也不一定是僧人。

「祖古」(Tulku，亦譯作「祖固」及「朱古」等，蒙古稱爲 Hutukutu，亦譯爲「呼圖克圖」）則不是一種尊稱。這個字意思爲「化身」或「轉世者」，只被用作大德高僧之轉世而被核確無誤的人身上。例如某師之轉世我會尊稱爲「某某仁寶哲」，但他只會自稱爲

「某某祖古」，不會對自己冠以「仁寶哲」的尊稱。

至於是否凡是「祖古」都必定會是大德，恐怕不能這樣說。如果我們遇到一位「祖古」，就好好地恭敬即可以了，這樣對我們肯定會有利益。但客觀上來說，現今世界上有很多被核認爲「祖古」的人，其中有些是大德轉世無疑，有些或許是佛的化身，也有些只是較有修持的行者之乘願再來，但有些不見得眞的有證量的。如果你要去依止的話，就必須好好觀察，不要迷信於一個稱呼。依止師長是終生的大事，千萬不要草率。寧可拜一位眞正老實修持的普通凡夫僧爲師，也好過拜一位沒內涵而空有個「祖古」或「仁寶哲」名號的人爲師父。名字是沒有意義的，內涵才是我們拜師時所要追求的特質。只有具足明師必備的資格，例如明師十德等，就是一個有資格的好師父，有沒有「祖古」名號倒不重要。訥自幼被人稱爲「祈竹仁寶哲」及「祈竹祖古」，繼承了先世大藏寺法台祈竹大師之名位，但卻並無甚麼德量或證量可言；衲的親教師並沒有「祖古」名銜，卻有著很深的智慧、悲心及修持，令眾多「仁寶哲」及「祖古」均投於座下學法。由此可見，名號是並無眞正意義的，一位師父的內涵才是最重要的。

漢地有把「仁寶哲」及「祖古」譯爲「活佛」或「佛爺」的情況，此爲大錯。藏文中的這兩個字皆沒有上述的意思，大家萬勿跟著這種錯誤的譯法去稱呼「仁寶哲」和「祖古」等。

為甚麼西藏僧人都穿露臂衣袍，而且衣色與漢地僧裝不同，甚至有些還留頭髮？

西藏僧人與世界各地的僧人一樣，不許留髮。但西藏有些修行者並非僧人，亦沒有受僧戒，但卻是全時間投入修行的。這些修行穿著與僧人不同，但你對西藏衣著未認識，所以把他們的衣著與僧衣混淆了。這類修士會留頭髮，有些更長髮束髻，他們並非出家僧人。這類行者中有些是有大證量的，所以他們有時也會應求而授法。

露臂則是古印度佛陀時開始的傳統，甚至佛陀時代以前的外道修行僧也是露臂的。在南傳佛教國家，僧裝也是偏袒右肩而露出左肩的，這本來就是佛教傳統。在漢地，由於歷史上的各種原因及風俗之迴異，僧裝改良為有袖的，而且顏色亦不同於原始佛教僧侶之衣色，但仍不許用佛陀禁用之衣色。西藏僧人在偏袒右肩及衣袍比例等細節上保持了傳統的風格，但卻因為地區寒冷而改用深紅色衣袍，此與原始佛教僧衣之色不同，但仍然是佛陀允許使用的衣色。

在各地佛教中，現今應以南傳國家的僧衣最接近原始佛教色彩。

受了金剛阿闍黎灌頂後，就等於當上了金剛上師嗎？

參加過摩訶無上瑜伽密部大灌頂的人都知道，灌頂的後段包含了金剛阿闍黎灌頂，授灌頂的法師會把鏡、法輪、弓箭及法螺等法器授予弟子，灌頂中也有授予五佛冠及天衣的部份。以上所說的細節，屬於灌頂儀式中的環節，其意義是種下一個因，令弟子未來得大成就、持其傳承及成就金剛阿闍黎的境界及資格。但凡參與接受灌頂的弟子，都接受了這種金剛阿闍黎灌頂。這只是種下一個吉祥的因，並不代表授灌頂的上師把你封為金剛上師或印許你可以為他人傳法灌頂的意思。

時輪金剛灌頂是摩訶無上瑜伽密部的特別例子，有時會有地位極高的大師公開傳授這個灌頂，信眾幾乎不論資格都可以參加。其他的無上密灌頂則是較嚴格的，時輪金剛是例外的情況。公開的時輪金剛灌頂中，參加者有些是新皈依三寶的人，也有未皈依三寶的人，甚至連小孩子也來參加，難道說在灌頂後他們全都成為了持時輪金剛傳承之金剛上師嗎？

社會上有些人會藉機會以這種灌頂作為依據，聲稱自己得到了傳承及金剛上師之師資，藉以騙取名利。他們會藉這機會拍照，以法師向他們授予各種法器、佛冠及法衣的照片冒充為有傳承的上師。這種相片不難拍到，並不代表甚麼。

修紅派的人可以也兼修黃派嗎？

西藏佛教的各大主流派別：格律派、寧瑪派、薩迦派及迦珠派，都是佛陀的教法。「寧瑪」（Nyingma）的意思是「古老」，「紅派」並非寧瑪派的正統名稱。「格律」（Gelugpa）派的名字源自我派主寺甘丹寺之名字的變音，也有「善規」之意，「黃派」並非格律派的正統名稱。我派偶爾也有人稱為「黃帽派」，但卻不稱為「黃派」。「黃派」、「紅派」等只是漢人的誤稱。有些漢人又說黃派的僧人穿黃衣，紅派的僧人穿紅衣，這也是無根據的想當然而已，並非正確。

上述各派都是佛陀的教法，我們不應加以歧視分別及讚己評他。但一般來說，我們與哪一派的教法較有因緣，自己覺得較為投合，就好好依那一派的教法去修學即可。如果真的要同時修學兩派教法，則不要混淆教法，要把它們分開地修。初學的人，修四派中的哪一派都可以，但不宜這邊學一點，那邊又學一點，最嚴重的錯誤就是把各派教法混為一談，成為了雜錦式的教法。這種混雜各派見解行持的修持，不能說是包含各派精髓的修持，反而成為了哪一派都不是的修持。一些大修行人，例如某幾代的宗座達賴喇嘛等，能夠學修各派佛法而融匯貫通，但我們凡夫不能與之相比，所以還是老實地專學一派較好，正如藏語中有一句諺語：「獅子能跳越的崖縫，兔子不要也跟著去跳！」只要能修得專注及修至成就，任何一派的教法都是好的，但把它們混淆而修卻並不恰當，尤其是當你仍在凡夫境界的時候。

現今有很多人都喜好到處亂去，隨便誰坐上法座你便去依止學法，這樣並不能有所成就。如果你只是在某派中受了皈依三寶或學修一些共通的教法及儀軌，改修或增修另一派還可說得過去。如果你已在修某一派的不共傳承大法，再改修另一派或加修另一派的不共傳承，則是完全不必要的，而且這樣做也沒有甚麼好處！

藏傳佛教中有所謂的「財尊法」，這種法門是否真的能令行者致富呢？

如果是有正確及清淨的發心，修持又具足傳承及精進的話，修財尊法是確有靈應的。但這個法門並非爲了個人的致富。

修財尊法有三種主流的法門：第一種是水供法，第二種是供奉本尊財瓶，第三種是以食水供養。

修財尊法的利益並非爲了致富。以阿底峽傳承之白財尊法爲例，它的利益主要有三種：（一）今生中資財飲食不乏；（二）善心自然生起；及（三）臨終往生於普陀淨土之中。所以，修持白財尊法也是一種觀音淨土法門，最終的利益是往生於觀音的淨土。修持財尊的人，為求得資財之發心是為了能得修持之順緣及欲以資財作廣大供養及布施眾生，並非為了個人的致富。如果以欲令自己發財的心去修財尊法，則發心不對，修法也不會有成就。真正的財尊法根本不是普遍大眾誤解的那種個人致富法門，也不會為以此為動機的修行人帶來財富。如果修行的人執戀著世間的財富，就與世俗的人毫無分別，稱不上佛法的修持。

普遍流行的財尊法門有黃珍巴拉、白珍巴拉等五尊，另外亦有阿底峽大師傳弘之乘龍白珍巴拉法門。有些人把財尊稱為 Wealth-God（「財神」），這並不十分正確。財尊均為諸佛陀之化現，並不是民間信仰及其他宗教中所說之「神」，例如乘龍白珍巴拉是觀音大士見眾生貧苦時所流下之悲淚所化現的，所以他其實是觀音濟貧救苦的其中一個化相。

此外，衲也想順便提一下有關供養財寶瓶的種種：很多人以為買一個財寶瓶回家供在佛壇就對了，其實供奉本尊財寶瓶不是這樣的。行者應於家中之寶庫或錢櫃中另設小櫃，在櫃內放好財寶瓶及各種供品，再請法師誦經及封起，然後每天在櫃外另設供品及作祈願，每年還要再請法師開櫃添供及重新誦經。這種財寶瓶是不讓外人知道或看到的，自己也不直接以手碰觸。很多人隨便把它供在佛壇上，就好像裝飾品一樣，這不是供財寶瓶的正確傳統方法。

有些同門修持摩訶無上瑜伽密，要恆常觀察自身為本尊，所以便認為捐血是「出佛身血」，這是一種正確觀念嗎？

捐血救人是一種大善行，而善行只會帶來利益，不可能帶來傷害，這是很基本的因果教法。「身布施」更能積廣大功德，尤其能爲父母及祖輩帶來利益。修摩訶無上瑜伽密時，行者修持自身爲本尊觀，但這不代表你眞是本尊，所以捐血並不存在「出佛身血」的問題。捐血是一種「身布施」善行，如果能令他人救活過來，更是成了「無畏布施」善行，與「出佛身血」並無關連。即使佛陀捐血救人，他與爲他抽血的人都並非「出佛身血」。「出佛身血」的定義不是這樣的。何況你並不是本尊，只是在修持觀想自己是本尊而以，當然不存在問題。

捐血並無「出佛身血」的憂慮，唯一的憂慮源出於你的執戀自身。提出以上問題的人未有修持摩訶無上瑜伽密的基本資格，因爲他對基本佛理及密法皆未認識，更缺乏了修密法的基礎——對眾生的悲心。如果有悲心，便不會問這樣的問題；如果真正有悲心，即使對自己有害，他仍會毫不猶豫地捐血利生。

四加行修滿了十萬遍，是否就圓滿了呢？

修持加行是爲了積聚功德及懺淨罪障。只要你還有罪障或還未具足一切功德，就永不能說修滿了加行。

有些行者由於受過了某些誓戒，必須發願修滿十萬遍四種加行。在修滿十萬後，只能說戒誓已做滿完成，並不是修持加行已經圓滿。即使你明天就會成佛，今天仍需勤修加行。

在精進修持懺罪時，有時會反複發吉祥的夢兆，這是表示懺罪之修持有了一定的小成績及隨後再作主體的修持時便容易成就，並不表示已完成懺罪修持。

為甚麼在藏傳佛教中，有很多樣子很凶惡的塑像？

這些樣子像是很凶惡的形相，稱爲「忿怒相」，分爲兩種性質完全不同的類別。第一種爲本尊，他們是佛陀的化現，例如怖畏金剛是文殊師利（即諸佛之智慧化相）之化相、馬頭明王是觀音大士（即諸佛之悲心化相）之忿怒化相等；第二種是護法。護法分爲世間護法及出世間護法兩類；世間護法本來是「非人」、魔眾或龍族等眾生，後被佛法折服而信皈三寶，或被歷代大師鎮伏而以誓言縛之，他們雖是世間眾生，卻有一定能力護持三寶及保護佛法的行者；出世間護法是諸佛的忿怒現相，這些護法亦肩負護持三寶及佛法的行者的責任，爲行者賜予修持順緣，除摧修持道上之逆緣與障礙。怙主瑪哈卡那（Mahakala）及吉祥天母（Palden Lhamo）俱爲出世間護法。

現岔怒相的本尊及護法性質不同，與行者的關係亦不相同。他們示現忿相，表義降伏煩惱及障礙，並非對眾生示現岔怒。他們的外相表現忿怒相，但體性卻爲諸佛之悲心，並非世俗的瞋恨心。

為甚麼藏傳佛教常常用以人骨製成之法器？

佛法教示無常之理。這些人骨法器，是爲了讓眞正發心修行的人常常憶記生死無常，努力於佛法上之修持。佛教的僧人，有些會發願終生住在塚林中，這也是爲了常常憶記生死無常而培養出離心及精進的緣故。在傳統的寺院中，在僧寮浴室內也會塗繪骷髏圖像，其目的也是令人常念生死無常。在藏傳佛教及印度的密法傳承中，有一種稱爲「斷」（Chod）的施身法門。這種法門要用人骨法器，如骨笛等，也要在塚間修持，是一種能迅速地切斷我執的法門。

憶記生死無常是精進修持的原動力。它有六個殊勝益處：

（一）它是最有利益的修持；

（二）它令修持變得有大力量；

（三）它引領行者發起眞正修持的心；

（四）它支持行者精進修持；

（五）它推動行者達至最終成就；及

（六）它令行者臨終無悔及安樂。

一般的藏傳佛教徒，並不需要用到人骨法器。大修行所用的人骨法器，也並非隨便買來或以殘忍方法得來的，必須是其他修行人在生前發願在死後把骨頭贈送作修行用途的才可採用。

為甚麼漢地一般都說有十八羅漢，西藏卻說只有十六位？

羅漢既不是十六位，也不只十八位。羅的梵文爲 Arhat，是證道的聖者。在佛陀在世的時代，單只一座說法中所聞法而頓證羅漢境者已遠超於十八位，所以世界上是有很多位羅漢的。

眾多的羅漢中，有十六位相當於是領袖的。他們曾經遊化很多國土，更曾應請而在漢地結夏。在漢地時，有一位漢僧是他們的施主，另有一位俗家人充當他們的侍從，所以後來有一種算法把這兩位也算進去，成爲了十八位。在藏地，我們是不計算上述這兩位的，所以只有古印度經典中所述之十六羅漢與其廣大眷屬。

在博物館中，我們會看到古印度的羅漢壇城圖。在這些古畫中，釋迦牟尼居壇城中央，外圈是十六羅漢坐蓮瓣上，最外面是四大天王。在西藏的佛畫中，也是十六羅漢圍繞本師而坐，但有時也會把漢僧施主及侍從畫在壇城外方，卻沒有十八羅漢在壇城內的例證。

有關十六或十八羅漢的典故，佛經上有提及。市面上有一些講述傳說的書刊，內裡寫的是民間傳說，並不一定與佛教歷史相符。

為甚麼在西藏有「天葬」這種殘忍的葬禮呢？

天葬並不是藏傳佛教的葬禮，但卻並非不符佛法思想的。人在死後，剩下來的肉身只不過是廢物，不論你以火焚、土葬、水葬或天葬的方式去處理都是一樣的。在心識離開身體後，自然會因業力所主而投身六道中的其中一道，生前的肉身留著也沒有任何用處。

反正在死後身體便一無用處，西藏人選擇在死後再作一次布施，把肉身施予鳥類或其他動物，這對自己並無損失，又是一種布施善行，更解決了殉葬的問題。

你覺得天葬十分殘忍，只因你執戀於肉身，其實天葬與火葬分別不大，卻能積布施之功德。

有些電視紀錄片說：「西藏人認爲鷲鳥在吃了死者肉後，便把亡者帶往天上的淨土。」這是想當然的漢人創作。西藏人進行天葬是要作布施及天然條件因素，並不以爲此舉會令亡者「昇天」。

在其他國家與地區，進行天葬是不合社會風氣及環境條件的，衲認爲臨終捐贈器官比天葬來得更有意義。

在海外常常有人自稱「黑教唯一傳人」，到底黑教是否正信佛法呢？

在佛法未傳入西藏以前，早已有了歷史悠久之民間信仰。這種原始的信仰被統稱爲「苯教」（Bonpo，亦譯作「本教」及「苯波教」等），崇拜的是天、地、土、河、龍神及魔靈等，對善神供養祈福，對惡靈供養以祈免災。這種信仰，與世界各地的古文化中之原始信仰大致是一樣的，與佛法毫無關連。這種信仰被某些人誤稱爲「黑教」，其實它又再分爲「白苯」及「黑苯」兩種。

在佛法傳入西藏以後，苯教業已式微，至今苯教信眾並不太多，但在某些邊遠西藏地區仍可說是盛行。苯教在後期亦吸收了很多佛法的概念，成爲了與佛法之外型有點兒相似的信仰，而且漸漸也增補了一些模仿抄襲自佛法的教義。在某些邊遠地區，一些佛教寺院也吸收了部份苯教的原始色彩，總括來說，佛法是佛法，苯教是原始民間信仰，二者是並無關連的。

改頭換面後的苯教，在外在上看來有點似佛教，但內容卻完全相異。苯教在吸引了佛法之外型後也皈依三寶，但其「三寶」並非佛、法、僧；其教義也述及其祖師有示現、成道開示及示滅等事業，但卻並非在說本師釋迦牟尼；其經典也刻意模仿三藏佛法，甚至也有類似六字大明咒的咒句，其僧人的打扮及戒條也近乎佛教，但細節卻不一樣。

現今在西藏仍有一些苯教徒及寺院，在衲的家鄉川北一帶，苯教仍是頗爲盛行的。

自稱「黑教唯一傳人」的人，是否眞的有苯教傳承衲不得而知，但就絕對不是「唯一傳人」，在川北一帶隨街都看得到苯教的出家人。

雖然我們並不歧視其他信仰，但卻絕不可把它們與佛法混淆不清。

藏傳佛教主要分爲格律派、薩迦派、寧瑪派及迦珠派，此外還有以前的卡登派等不復單獨存在的派別。苯教的修行人有些的確也有少許法術能力，但卻與正信佛法完全無關。

聽說西藏的苯教法力很大，是真有其事嗎？

西藏的苯教、雲南地區的苗族及世界各地的古文中化，都有類似的原始信仰。這些都屬於外道，並不是佛教或佛法。這類的大自然信仰，透過祭祀山神、地神、河神、龍族及「非人」等，的確有一些有限的神變能力。

在古印度及古西藏，這些外道的力量是頗大的。在佛經中也有記述佛陀以佛法智慧及神通變化降伏外道的史蹟。在近代，卻較少聽到外道術士示現其麼大神變了。

外道所修的並不是佛法，也不符佛法，即使他們有少許的神變能力，卻不是佛教弟子值得去羡慕追求的。外道修行人的能力，在最終也不過如世俗學問般失去，並不會利益未來生。佛教修的是內心，其利益是利及未來生的，也澤及一切有情眾生。

國家圖書館出版品預行編目資料

獅吼棒喝：祈竹仁寶哲答問選錄／祈竹仁寶哲著. --
初版. -- 新北市：華夏出版有限公司, 2024.07
面； 公分. --（祈竹仁寶哲作品集；001）
ISBN 978-626-7393-52-9（平裝）
1.CST：佛教修持

225.7 113004487

祈竹仁寶哲作品集 001
獅吼棒喝：祈竹仁寶哲答問選錄

著　作　大藏寺 祈竹仁寶哲
出　版　華夏出版有限公司
220 新北市板橋區縣民大道 3 段 93 巷 30 弄 25 號 1 樓
電話：02-32343788　傳真：02-22234544
E-mail：pftwsdom@ms7.hinet.net
印　刷　百通科技股份有限公司
電話：02-86926066　傳真：02-86926016
總 經 銷　貿騰發賣股份有限公司
新北市 235 中和區立德街 136 號 6 樓
電話：02-82275988　傳真：02-82275989
網址：www.namode.com
版　次　2024 年 7 月初版一刷
特　價　新臺幣 250 元（缺頁或破損的書，請寄回更換）

ISBN-13：978-626-7393-52-9